LA FILLE DU MUSICIEN

DRAME EN TROIS ACTES,

IMITÉ DE SCHILLER;

PAR MM. CROSNIER ET DE FERRIÈRE,

Représenté pour la première fois, à Paris, sur le théâtre de la Porte-Saint-Martin, le 10 décembre 1825.

DISTRIBUTION DE LA PIÈCE:

M. DE WALTER, président de justice	MM. DEFRESNE.
FERDINAND DE WALTER, son neveu, major	GOBERT.
M. DE KALB, chambellan du prince de ***	PIERSON.
MILLER, musicien, organiste de la cathédrale	MOESSARD.
LOUISE, sa fille	Mme DORVAL.
WURM, secrétaire intime du président	MM. MEUNIER.
PETERS, portier du presbytère	VISSOT.

La scène se passe dans un des petits États souverains d'Allemagne.

ACTE PREMIER.

Le théâtre représen[te] une chambre du logement de Miller. Cette chambre modeste, mais propre, est garnie de quelques meubles, d'une table, de chaises, etc. Des pupitres, des cahiers de musique et divers instruments sont placés çà et là. Porte au fond et deux portes latérales.

SCÈNE I.

MILLER, LOUISE.

(Miller est occupé à écrire; Louise, assise près de lui, travaille à un ouvrage de broderie.)

MILLER, posant sa plume.

Là, voilà ma lettre finie, et, ma foi! ce n'a pas été sans peine; c'est un travail pour moi quand il faut que j'écrive.

LOUISE.

Cela vous ar[riv]e si rarement, mon père!

MILLER.

Aussi j'en ai la main toute engourdie; et ce n'est pas étonnant: les doigts d'un musicien ne sont pas exercés à former des lettres et des mots; s'il s'agissait de croches et de doubles croches, à la bonne heure; malheureusement on ne fait pas sa correspondance en musique.

LOUISE.

Il n'y a, je crois, qu'à mon oncle Georges que vous soyez capable de faire un pareil sacrifice.

MILLER.

Oh! oui, à lui seul; mais ce bon frère, il est inquiet de nous; voilà plus d'un an qu'il n'a reçu de nos nouvelles, et je ne pouvais différer plus longtemps de le tranquilliser. Tiens, ma Louise, écoute ce que je lui écris: (Il lit.) «Mon frère, je m'empresse, en répondant à ta lettre, de calmer ton inquiétude sur notre sort; tu crains que nous ne soyons pas heureux; rassure-toi... Chaque jour je m'applaudis davantage d'être venu me fixer dans cette partie de l'Allemagne; tout me réussit depuis que j'habite cette résidence. J'avais déjà obtenu la place de second violon dans la musique du prince; je viens d'être nommé organiste de la cathédrale; on m'a accordé, dans une maison attenante au presbytère, un logement qui ferait envie à plus d'un de mes confrères, et j'y donne des leçons qui augmentent encore mon bien-être. Ce qui va surtout te surprendre, c'est que je suis maintenant d'une modération à toute épreuve; je n'ai plus ce caractère ardent et impétueux, cette tête d'artiste, comme tu l'appelais, qui m'a souvent jeté dans de si grands embarras. Quant à ma Louise, elle est toujours l'objet de toutes mes affections et la première source de mon bonheur. »

LOUISE, avec émotion.

Mon père!

MILLER.

Eh! n'est-ce pas la vérité, mon enfant? (continuant à lire.) « Jusqu'à présent son cœur est tout à moi; l'amour ne me dispute pas encore ce trésor qui fait le charme de ma vie.

LOUISE, à part.

Oh! mon Dieu!... s'il savait...

MILLER, lisant.

« Sa confiance pour moi est sans bornes, et je serais le premier instruit des secrets de son cœur.

LOUISE, à part.

Excellent père! combien je me reproche...

MILLER, lisant.

« Cependant, je vois approcher le terme où il faudra nous séparer. »

LOUISE, avec crainte.

Nous séparer!

MILLER, avec tristesse.

Hélas! oui, mon enfant... (plus gaîment.) Mais nous n'en sommes pas là; laisse-moi continuer. (reprenant sa lecture.) « Je dois m'occuper de son avenir; elle aura bientôt vingt ans et je songe à la marier. »

LOUISE, avec effroi.

Me marier, dites-vous?

MILLER.

Pourquoi cet effroi?... Ah! j'y suis; c'est ce mot de mariage... Va, va, mon enfant, quand l'idée t'en viendra, le mot ne te fera plus une si grande peur; d'ailleurs, voici qui doit te rassurer: (Il lit.) « Je songe à la marier; mais elle sera toujours maîtresse de son choix.

LOUISE, à part.

Je respire!...

MILLER, lisant.

« Enfin, mon ami, tu vois par ces détails que je suis l'homme le plus heureux du monde; il ne me manque que ta présence; viens donc nous voir. Dans cette attente, ta nièce et moi nous t'embrassons. Ton bon frère,

MILLER. »

LOUISE.

Ce pauvre oncle, comme il sera content quand il apprendra toutes ces bonnes nouvelles!

MILLER. Il plie sa lettre et met l'adresse.

Je ne veux pas retarder le plaisir que lui prépare cette lettre; je vais sur-le-champ la porter à la poste. Si pendant mon absence monsieur le major venait prendre sa leçon, tu le prierais de m'attendre.

LOUISE, un peu troublée.

Monsieur Ferdinand!.. Oui... mon père.

MILLER.

Avec les dispositions qu'il a pour la musique, perdre une leçon serait pour lui un crime; d'ailleurs, j'ai toujours du plaisir à le voir; je l'aime de tout mon cœur. Et ce n'est point par intérêt au moins, ni parce qu'il est le neveu du président de Walter; c'est parce que je le crois un brave jeune homme. N'est-ce pas, Louise; s'il voulait s'éloigner, tu te chargerais de le retenir?

LOUISE.

Oui, mon père. Mais n'attendez-vous pas d'autres personnes? Le baron de Kalb...

MILLER.

Le chambellan! Oh! ce n'est pas encore son heure. Par exemple, celui-là, s'il sait jamais jouer du violon... Voilà pourtant plus d'un an que je lui donne des leçons; il en est encore à prendre des soupirs pour des points d'orgues et des dièses pour des bémols... Mais je cours à la poste... Si le major arrive, n'oublie pas de lui dire que je serai de retour dans un instant.

(Il sort.)

SCÈNE II.

LOUISE, seule.

Ce bon père! il croit sa fille remplie de confiance en lui, et sa fille n'a pas encore déposé dans son sein l'aveu du sentiment qui la domine... Oh! je le sens, j'aurais dû déjà tout lui dire; jamais je ne l'ai mieux compris qu'aujourd'hui. Tout à l'heure ses éloges me faisaient mal; sa confiance me semblait un reproche; mais, je ne sais, chaque fois que je veux lui ouvrir mon cœur, j'hésite, je m'arrête; il me semble que l'aveu que je vais faire doit me séparer de Ferdinand!... Comment trouverais-je alors la force de parler?... Oh! sans doute, mes pressentiments me trompent; mon père aime le major, il l'estime, et il ne saurait désapprouver mon choix... On vient... Si c'était Ferdinand! Oui, c'est le bruit de ses pas; je les reconnais; c'est lui!

(L'émotion de Louise est extrême; Ferdinand arrive vivement par le fond.)

SCÈNE III.

FERDINAND, LOUISE.

FERDINAND, apercevant Louise.

Louise! chère Louise! quel bonheur de vous voir!

LOUISE, cherchant à cacher son émotion.

Bonjour!... bonjour, monsieur Ferdinand!

FERDINAND.

Avec quelle impatience j'attendais l'heure qui devait nous réunir! Le temps de mes leçons est le seul où il me soit permis de me trouver avec vous; trop heureux lorsque, comme aujourd'hui, je puis vous parler un instant sans témoin, et vous répéter le serment d'un amour éternel... Mais je n'aperçois point monsieur Miller; est-ce qu'il n'est pas ici?

LOUISE.

Il va rentrer, et il vous fait prier de l'attendre quelques instants.

FERDINAND.

Il me fait prier!... Avez-vous pensé que la recommandation fût nécessaire? (prenant un ton plus sérieux.) Au reste, je suis bien aise qu'il soit absent; j'ai besoin de vous parler, Louise, de vous parler avec franchise, et je réclame toute la vôtre.

LOUISE.

De quoi s'agit-il donc?

FERDINAND.

Vous connaissez le baron de Kalb?

LOUISE.

Oui.

FERDINAND.

Il vient souvent ici?

LOUISE.

En effet.

FERDINAND.

Et il n'y vient pas comme tout le monde; c'est avec mystère, c'est par le jardin, par cette porte (désignant la porte à droite.) qu'il s'introduit chez vous.

LOUISE.

Puisque vous le savez...

FERDINAND.

Eh bien! Louise, pouvez-vous m'expliquer le motif de ces fréquentes et singulières visites?

LOUISE.

Mon Dieu! je le voudrais, monsieur Ferdinand, mais je ne le puis.

FERDINAND.

Quelle raison?

LOUISE.

C'est un secret.

FERDINAND.

Un secret!...

LOUISE.

Que mon père m'a bien recommandé de garder.

FERDINAND.

Je ne saurais insister; mais monsieur Kalb était autrefois un homme à bonnes fortunes, il en a conservé le ton et les manières; il a dû se montrer galant auprès de vous?

LOUISE.

Je crois du moins qu'il a essayé de le paraître; il m'a adressé quelquefois de ces compliments que ces messieurs débitent sans y penser et que nous entendons sans les écouter.

FERDINAND.

L'impertinent!

LOUISE.

Pourriez-vous en être contrarié? Mais, oui, je le vois; je devine votre pensée. Ah! monsieur Ferdinand, c'est mal, c'est très mal. Quand monsieur de Kalb ne serait pas d'un âge à éloigner tout soupçon, quand il ne serait pas ennuyeux et ridicule à l'excès, pourrais-je trouver le moindre plaisir à l'écouter? C'est comme si j'allais penser que vous puissiez vous plaire auprès d'une autre.

FERDINAND.

Chère Louise! oh! je n'ai pas douté un seul instant de votre cœur! Qui mieux que moi sait apprécier votre candeur et vos vertus? J'ai craint seulement, je l'avoue, que ce Kalb n'eût formé sur vous de coupables projets, qu'il ne tendît quelques piéges à votre inexpérience.

LOUISE.

Quoi! vraiment! Il me semble pourtant que monsieur de Kalb ne saurait être un séducteur bien dangereux... Mais nous perdons un temps précieux. Avant que mon père ne revienne, je voulais, Ferdinand, vous confier un projet.

FERDINAND.

Un projet?

LOUISE.

Qui nous concerne tous deux. Jusqu'à présent j'ai fait à mon père un mystère de notre amour; mais l'idée de tromper sa confiance me tourmente et m'afflige; vous-même, Ferdinand, vous êtes coupable envers lui; il a pour vous une vive amitié, et vous lui cachez un secret dont la découverte le comblerait, j'en suis sûre, de bonheur et de joie... Mon ami, réparons notre faute en lui faisant aujourd'hui l'aveu de nos sentiments.

FERDINAND.

Louise, la pensée qui vous occupe s'est souvent présentée à mon esprit; je ne puis qu'approuver votre résolution, et pourtant il faut attendre encore...

LOUISE.

Attendre! Pourquoi donc?

FERDINAND.

Vous le savez, je dois tout à mon oncle et je dépends de lui. Jusqu'à présent j'attendais une occasion favorable pour lui ouvrir mon cœur; mais, je le sens, il faut qu'il connaisse enfin la vérité, il faut qu'il consente à mon bonheur, et, j'ose vous l'assurer, Louise, nous serons unis pour toujours.

LOUISE.

Ferdinand! on vient... C'est mon père et monsieur Wurm.

FERDINAND.

Wurm! Que vient faire ici le secrétaire de mon oncle?

LOUISE.

Je m'en doute.

FERDINAND.

Comment?

LOUISE.

Je lui soupçonne des projets de mariage...

FERDINAND.

Quoi! le misérable oserait prétendre?

SCÈNE IV.

LES PRÉCÉDENTS, MILLER, WURM.

MILLER.

h! ah! vous voilà, monsieur le major! Pardon si je vous ai fait attendre..

FERDINAND.

Bonjour, bonjour, mon cher Miller.

WURM, à part.

J'étais sûr de le trouver ici; mais, patience, j'espère que bientôt...

MILLER.

Eh bien! monsieur Wurm, vous vouliez parler à monsieur de Walter... Si c'est notre présence qui vous gêne... viens... viens, ma fille...

WURM.

Non, restez, je vous prie.

FERDINAND, très froidement.

Que me veut monsieur Wurm?

WURM.

Monsieur le président m'a chargé de m'informer où était monsieur le major, et de l'inviter à se rendre sur-le-champ auprès de lui.

FERDINAND.

Sur-le-champ! Quel motif si pressant?.. N'importe, j'y cours. Vous le voyez, monsieur Miller, je suis forcé de remettre ma leçon à un autre moment, mais aussitôt que mon oncle m'aura laissé libre je reviendrai.

MILLER.

Oui, monsieur le major, je vous y engage. Gardez-vous bien de laisser refroidir votre ardeur pour la musique; vous êtes en bon chemin, et si vous continuez, je vous garantis que vous deviendrez sur le violon un amateur de première force.

FERDINAND, jetant furtivement un regard sur Louise.

Soyez tranquille, je ne manquerais pas une leçon pour tout l'or du monde. Au revoir, mon cher Miller... Mademoiselle, j'ai bien l'honneur...

(Il sort.)

MILLER, le reconduisant.

Je vous attend, monsieur le major; ne manquez pas de revenir.

WURM, à lui-même.

Il ne soupçonne guère quelle nouvelle il va recevoir! Les projets du président favorisent les miens, et, grâce à mon adresse, Ferdinand ne sera bientôt plus pour moi un rival redoutable.

SCÈNE V.

MILLER, LOUISE, WURM.

MILLER.

Ce bon monsieur Ferdinand! il a une rondeur, une franchise... C'est un brave jeune homme; n'est-ce pas, monsieur Wurm?

WURM.

En effet, je le crois comme vous; mais il est jeune et lancé dans un monde où l'on apprend à se masquer à visage découvert; les vertus y sont de commande, la morale de convention, et les principes à volonté; on appelle cela se façonner aux usages.

MILLER.

Ma foi! je ne connais pas ce monde-là, et je ne désire pas le connaître, mais je parierais que monsieur Ferdinand n'est pas capable d'une pareille fausseté. D'ailleurs, pourquoi s'abaisserait-il jusqu'à se parer à mes yeux de sentiments qu'il n'aurait pas?

WURM.

Je ne cherche point à pénétrer ses intentions. Mais laissons cela, monsieur Miller; les ordres du président ne m'ont pas seuls amené chez vous, j'y viens pour vous parler sur un sujet important.

MILLER.

Quel est-il, monsieur Wurm?

WURM.

Depuis longtemps je pense qu'une explication entre nous est devenue nécessaire.

MILLER.

Une explication? (regardant Louise.) Oui, je devine.

LOUISE.

Mon père, vous avez à causer, je vous laisse...

WURM.

De grâce, mademoiselle, ne vous éloignez pas; vous ne devez pas être étrangère à cet entretien.

MILLER.

Reste, ma fille; je crois en effet que ta présence est indispensable... Voyons, monsieur, voyons, expliquez-vous.

WURM.

Il y a plus de six mois que je rends à mademoiselle des soins dont le but ne saurait être douteux.

MILLER.

J'ai permis vos visites, donc je crois à la droiture de vos intentions... Après, monsieur le secrétaire.

WURM.

J'occupe un emploi avantageux et qui doit le devenir davantage; ma fortune est assurée, et je désire enfin savoir si je serai assez heureux pour vous déterminer à m'accorder la main de mademoiselle.

MILLER.

Ma foi! je ne sais pas cela, moi, monsieur le secrétaire.

WURM.

Comment?

MILLER.

C'est tout simple. Ce n'est pas moi que vous voulez épouser, c'est ma fille; c'est donc à elle que vous devez convenir, et j'ignore si vous avez su lui plaire. Vous désirez en être instruit; adressez-lui votre question, sa réponse sera la mienne.

LOUISE, se jetant dans les bras de Miller.

O mon père!

MILLER.

Chère enfant, je ne fais que mon devoir...

WURM, à Louise.

C'est donc à vous de prononcer, mademoiselle.

LOUISE.

Monsieur, je n'étais pas préparée à la démarche que vous faites aujourd'hui, et je craindrais de précipiter ma réponse. D'ailleurs, avant tout, je désire, je dois consulter mon père et c'est lui qui vous fera connaître ma résolution.

MILLER, à part.

Allons, c'est un congé.

WURM.

Monsieur Miller, les conseils d'un père sont tout-puissants sur le cœur de sa fille; je vous suis assez connu...

MILLER.

Eh! que je vous connaisse ou non, monsieur le secrétaire, à quoi cela vous avancera-t-il? S'il s'agissait de musique, je vous dirais à une note près si vous êtes capable de tenir votre place dans un orchestre, ou s'il y a deux quintes de suite dans vos partitions; mais ici c'est tout différent. Tenez, mon cher monsieur, je n'y mets pas de finesse; mais selon moi, c'est mauvais signe pour un amoureux d'en être réduit à solliciter le secours d'un père pour obtenir le cœur de sa fille.

WURM, avec dépit.

C'est-à-dire, monsieur, que vous pensez...

MILLER.

Ma foi! je pense que la réponse de Louise est assez claire, et qu'en pareil cas quand une jeune fille ne dit pas oui, c'est qu'elle a bonne envie de dire non. Vous comprenez, n'est-ce pas, monsieur le secrétaire?

WURM.

Parfaitement, et j'en sais même maintenant plus que vous ne le pensez; je sais à quels motifs je dois attribuer vos refus et ceux de mademoiselle.

MILLER.

Des motifs! Il n'y en a point d'autres, je vous le jure, que la volonté de Louise.

WURM.

Ah! ne cherchez point à m'abuser; je ne doute plus à présent de la vérité.

LOUISE, à part.

Grand Dieu! soupçonnerait-il?

MILLER.

Mais enfin parlez, que voulez-vous dire?

WURM.

Je veux dire que l'ambition vous aveugle, que l'espoir d'une alliance illustre vous fait aujourd'hui dédaigner la mienne, et que votre vanité serait flattée d'avoir pour gendre l'héritier d'un grand nom. Vous comprenez, n'est-ce pas, monsieur le musicien?

LOUISE, à part.

Il sait tout!

MILLER.

Non, de par tous les diables! non, je ne comprends rien. Que je meure à l'instant si je devine un seul mot!

WURM.

Comment? vous persistez?... Eh bien! je suis persuadé que mademoiselle aura plus de franchise que vous; elle conviendra qu'elle fonde de plus hautes espérances sur l'amour de monsieur Ferdinand de Walter.

MILLER.

Quoi? le major?...

LOUISE, à part.

Quelle méchanceté !

WURM, ironiquement.

Oui, le major... Cette alliance, j'en conviens, serait pour vous un coup de fortune ; mais vos projets ambitieux ne sont pas accomplis, et mademoiselle Louise n'est point encore comtesse de Walter.

(Il sort par le fond, tandis que Miller, s'approchant vivement de sa fille, la laisse éloigner sans faire attention à lui.)

SCÈNE VI.

MILLER, LOUISE.

MILLER, prenant la main de Louise, et dans le plus grand trouble.

Louise ! ma fille ! parle-moi sans détours. Dois-je croire ?...

LOUISE, d'un ton suppliant.

O mon père ! pardonnez à votre fille !

MILLER.

Il est donc vrai ! Malheureuse enfant, qu'as-tu fait ? Ah ! Louise, Louise ! je donnerais les derniers jours qui me restent pour que tu n'eusses jamais vu le major.

LOUISE.

Que dites-vous, mon père ? Ma seule faute est de vous avoir caché mes sentiments ; pourquoi envieriez-vous à votre enfant la seule félicité qu'elle ait goûtée sur la terre ? Si vous saviez de quel charme mon amour pour Ferdinand a entouré ma vie ! La première fois qu'il s'offrit à mes regards, mille sentiments jusqu'alors inconnus naquirent dans mon âme ; tout sur la terre me parut respirer le bonheur ; jamais la nature ne m'avait paru si belle, jamais je n'avais autant chéri son auteur, jamais je n'avais mieux senti le prix de l'existence. Elle m'avait paru jusqu'alors triste et décolorée, mais je vis, j'aimai Ferdinand, et il me sembla seulement que je commençais à vivre.

MILLER.

O ma Louise ! que de peines tu t'es préparées ! Je t'en conjure, ne te livre pas à ces illusions funestes ; que peux-tu te promettre d'un penchant que tout condamne ?

LOUISE.

Rien, mon père, je n'attends rien, je ne désire rien ; aimer Ferdinand, le voir quelquefois, m'en occuper sans cesse, entendre ses douces protestations, voilà tous mes vœux, tout mon espoir. Puis-je concevoir un autre bonheur, quand toute mon existence suffit à peine pour goûter celui-là ?

MILLER.

Je ne doute pas de ta sincérité ; mais tu t'abuses, ma Louise ; tu aimes le major, et sans le savoir, sans t'en rendre compte peut-être, tu te berces, j'en suis sûr, de l'espoir chimérique de lui être unie un jour... Infortunée ! tu ne sais donc pas quelle distance te sépare de lui ! tu ne sais donc pas que son oncle, le président, est trop fier de son rang, de sa fortune, pour consentir jamais à une pareille mésalliance ?

LOUISE.

Est-il possible !... Vous croyez ?...

MILLER.

Je ne doute pas qu'il ne repousse de sa famille la fille d'un pauvre musicien. Louise, mon enfant, si j'ai encore quelques droits sur ton cœur, ne t'expose pas à l'humiliation d'un refus ; écoute la voix de la raison, et promets-moi de renoncer à un amour qui te conduirait à ta perte.

LOUISE.

Y renoncer ! quoi ! mon père, vous exigeriez ?...

MILLER.

Il le faut. Quelque pénible que soit ce sacrifice, ta réputation le commande, et ta réputation est ton seul bien, ma fille ; à tout prix il faut le conserver. As-tu songé à ce que dirait le monde si l'on connaissait ton funeste amour ? Ton union avec le major est impossible ; il est riche et nous sommes pauvres ; que penserait-on ? que son or t'a séduite, qu'il a acheté ton déshonneur ! Ah ! je ne vivrais pas avec une pareille idée ; non, de par le ciel, non ! Miller ne rougira jamais devant personne. Dès aujourd'hui je parle au major, je lui défends ma porte, et si le langage de la raison, si mes prières, si mes larmes ne pouvaient rien sur toi, eh bien ! je renoncerais à toutes mes espérances dans cette ville, j'abandonnerais tout, je t'emmènerais au bout du monde, et quand je devrais aller de porte en porte mendier au son de mon violon un morceau de pain noir, qu'importe le malheur, la misère ! Un père peut tout souffrir, il ne supporte point le déshonneur de son enfant.

LOUISE.

Quel effrayant tableau ! quel affreux avenir ! Et c'est moi qui serais cause que mon père... Mais Ferdinand ! Ferdinand !... O mon Dieu ! mon Dieu ! suis-je assez malheureuse ?

MILLER.

Ma Louise ! ma chère Louise ! allons ! un peu de courage. Si tu savais ce qu'il m'en coûte pour t'affliger ! (On entend frapper à la porte à droite.) On frappe ! c'est monsieur de Kalb ; il vient pour sa leçon... Parbleu ! le moment est bien choisi... Eloigne-toi, ma fille ; s'il allait soupçonner la cause de tes larmes...

LOUISE.

Oui... oui... je vous laisse. (Elle fait un mouvement pour sortir, elle s'arrête, et se rapprochant de son père avec timidité.) Mon père, me pardonnerez-vous ?

MILLER.

Te pardonner!... Va... va... mon enfant, sois heureuse, c'est tout ce que je veux. (Il la presse sur son cœur; on frappe de nouveau.) On y va, un peu de patience. (à lui-même.) Maudit soit l'importun! si je pouvais m'en débarrasser...

(Miller va ouvrir la porte pendant que Louise s'éloigne par la gauche.)

SCÈNE VII.

MILLER, LE BARON DE KALB.

MILLER, assez brusquement.

Entrez, entrez, monsieur le baron.

KALB, entrant avec précaution.

Personne, n'est-ce pas, mon cher Miller ?

MILLER, sur le même ton.

Non, personne.

KALB.

Vous êtes sûr qu'on ne viendra pas nous surprendre ! La porte de la rue...

MILLER, plus brusquement.

Mon Dieu ! elle est bien fermée, soyez tranquille...

KALB.

Eh bien ! qu'est-ce que vous avez donc aujourd'hui ? Je vous trouve un air de mauvaise humeur...

MILLER.

Oh! ce n'est rien, absolument rien.

KALB.

Si fait, si fait, je le vois bien... Est-ce que vous éprouveriez quelques contrariétés?

MILLER.

Pas la moindre... j'étais... j'étais un peu impatienté de vous attendre, voilà tout; vous êtes venu tard aujourd'hui, monsieur le baron.

KALB.

Ah! c'est cela... Que voulez-vous, mon ami, je ne suis pas toujours maître de mon temps; des affaires de la plus haute importance... les billets de visites, la toilette du prince, l'ordre du spectacle pour ce soir... et puis Son Altesse a dormi plus longtemps qu'à l'ordinaire, et il fallait nécessairement que j'assistasse à son lever; c'est moi qui tous les jours ai l'honneur de lui annoncer le temps qu'il fait.

MILLER.

Ah! c'est différent... je ne savais pas...

KALB.

Aussi des mauvais plaisants, des envieux, m'ont-ils surnommé le baromètre du prince. Je les laisse dire, et je profite de cette insigne faveur. Mais je suis pressé... Voyons, mon ami, donnez-moi vite ma leçon.

MILLER.

Votre leçon... Ah! çà, monsieur le baron, franchement, là, vous tenez donc beaucoup à savoir jouer du violon?

KALB.

Si j'y tiens! certainement, j'ai de trop bonnes raisons pour cela.

MILLER.

A votre âge, quelle fantaisie vous a pris...

KALB.

Oh! ce n'est pas une fantaisie; il y a force majeure pour que je sois musicien, et vous allez en convenir; mais, *motus!* Un soir, au concert des petits appartements, un second violon manque par indisposition; je rends compte de cette circonstance à Son Altesse, qui me dit d'un air mécontent et presque fâché : « Monsieur de Kalb, vous ne savez donc pas jouer du violon? » Vous comprenez, Miller, c'est absolument comme si le prince m'eût dit : « Monsieur de Kalb, vous devez savoir jouer du violon. » Je ne me le fis pas répéter, et dès le lendemain je m'arrangeai avec vous pour prendre des leçons *incognito*.

MILLER.

A la bonne heure; mais votre but est de savoir quelque chose, et je dois vous en prévenir; tenez, je me ferais un cas de conscience de pousser plus loin mes leçons; ce serait vous voler votre argent.

KALB.

Comment! pourquoi donc cela?

MILLER.

Parce que la nature ne vous a nullement destiné à être musicien.

KALB.

La nature! Eh bien! il est plaisant, lui, avec sa nature! Ne vous ai-je pas dit que le prince le veut? D'ailleurs, ça ne me regarde pas; je vous paie pour avoir du talent, ainsi arrangez-vous... Voyons, voyons, ma leçon.

MILLER.

Allons, puisque vous le voulez absolument... (à part.) Je n'ai pourtant guère la tête à la musique, mais il n'y a pas d'autre moyen de se débarrasser de ce maudit homme. (Il a été prendre un violon qu'il présente à Kalb.) Tenez, voici votre violon.

KALB.

Bien; et la musique?

MILLER.

Ah! oui, ce fameux concerto que vous répétez depuis six mois, et dont vous ne pouvez pas encore déchiffrer les dix premières notes.

(Il approche le pupitre et la musique.)

KALB.

Un peu de patience et vous verrez que ça

viendra. Il y a même urgence que ça vienne promptement; un grand mariage aura lieu bientôt à la cour; on ne manquera pas de donner des fêtes, des bals, des concerts, et ce serait pour moi une excellente occasion de déployer mes talents.

MILLER, indifféremment, en accordant son violon.

Oui, oui... sans doute... je conçois.

KALB.

Eh! justement, j'y pense, c'est un de vos écoliers qui se marie, le neveu du président de Walter.

MILLER, vivement.

Le neveu du président!

KALB.

Oui; il épouse la fille du comte d'Ostheim... c'est un parti superbe. Mais commençons; tenez, suis-je bien en position comme cela?

MILLER.

Oh! parfaitement bien. (d'un air qu'il cherche à rendre indifférent.) Et ce mariage est bien décidé? c'est une nouvelle positive?

KALB.

Très positive. Cependant il y a un petit obstacle... Mais regardez, Miller; le petit doigt est-il bien placé sur la chanterelle?

MILLER.

A merveille... Et vous dites qu'il y a un petit obstacle...

KALB.

Oui, une amourette.

MILLER.

Ah! on croit cela?

KALB.

C'est officiel. Je sors de chez le président; il est furieux contre son étourdi de neveu qui fait la folie de refuser. Le jeune homme paraît éperdument amoureux d'une petite bourgeoise, d'une fille de rien; mais l'oncle a découvert l'intrigue et tout cela va finir; il fera disparaître la belle, enfermer les parents si elle en a, et il ne sera plus question de rien.

MILLER, anéanti.

C'en est fait, nous sommes perdus.

KALB.

Ah! çà, voyons, nous disons donc que nous sommes en *la majeur*, trois dièses à la clef.

MILLER, après avoir réfléchi un instant.

Non, il n'y a pas un instant à perdre. (Il appelle.) Louise! Louise! (à part et dans la plus grande agitation.) il faut courir chez le président.

KALB.

Eh bien! qu'est-ce qui vous prend donc?

MILLER, sans l'écouter, appelle.

Louise! Louise!

SCÈNE VIII.

LES MÊMES, LOUISE.

LOUISE.

Me voici, mon père, me voici!

MILLER, à part.

Je lui avouerai la vérité et je préviendrai peut-être le malheur qui nous menace.

KALB.

Ah! çà, décidément, mon cher Miller, avez-vous perdu l'esprit?

LOUISE.

Que se passe-t-il, mon père? Vous m'effrayez.

MILLER.

Tu le sauras... tu le sauras trop tôt... Je sors, je reviendrai dans un instant... (à Kalb.) Pardon, monsieur le baron, une affaire pressante... Je cours... Oh! mon Dieu! mon Dieu! Malédiction sur moi si j'allais arriver trop tard!

(Il sort précipitamment.)

SCÈNE IX.

KALB, LOUISE.

KALB.

Ah! çà, décidément il n'est pas dans son bon sens. Me quitter comme cela avec aussi peu d'égards, me laisser le violon et l'archet à la main! Si c'est de cette manière qu'il croit donner ses leçons et gagner ses cachets...

LOUISE.

Quoi! monsieur, vous ne soupçonnez pas ce qui a pu troubler mon père à ce point?

KALB.

Mon Dieu, ma belle enfant, je consens à être disgracié si je comprends rien à cette lubie!

LOUISE.

Il n'a reçu aucune lettre depuis que vous êtes ici?

KALB.

Aucune.

LOUISE.

Il n'est venu personne?

KALB.

Je puis vous l'assurer.

LOUISE.

Quelle peut donc être la cause de ce prompt départ et de l'agitation où je l'ai vu? Aurait-il, aurions-nous quelque malheur à redouter? Je ne sais que penser, et si j'en crois mes pressentiments...

KALB.

Pourquoi vous effrayer? que pouvez-vous

craindre? Allons, allons, charmante Louise, ne vous chagrinez pas; ce petit minois si joli, si doux, n'est pas fait pour exprimer la douleur; ces beaux yeux ne devraient peindre que le plaisir.

LOUISE, sans l'écouter.

Que cette incertitude me fait mal!... Mais je ne me trompe pas, voilà quelqu'un qui entre.

KALB.

Quelqu'un! Allons! Miller aura oublié de fermer la porte. Diable! il ne faut pas que l'on me voie ici. Eh! vite, vite! je me sauve. Adieu, charmante Louise.

(Il ouvre la porte du jardin, et il l'a refermée à moitié sur lui lorsque Ferdinand paraît au fond et l'aperçoit.)

SCÈNE X.

LOUISE, FERDINAND.

FERDINAND, apercevant Kalb qui sort.

Que vois-je? monsieur de Kalb!

LOUISE.

En effet.

FERDINAND.

Il était seul avec vous, et cette manière de s'éloigner... Mais je ne saurais former, je ne forme aucun soupçon, Louise, je vous le jure.

LOUISE.

Cependant, l'agitation extrême où je vous vois...

FERDINAND.

Ce n'est point une injuste jalousie qui la cause; elle est la suite de l'entretien terrible que je viens d'avoir avec mon oncle.

LOUISE.

Avec votre oncle!

FERDINAND.

Oui, et j'accours pour vous prévenir; il faut que vous sachiez tout, Louise; il faut que nous nous concertions pour détourner le coup affreux qui nous menace.

LOUISE.

Grand Dieu! qu'allez-vous m'apprendre?

FERDINAND.

Ne craignez rien, Louise; nous sommes unis de nouveau, nous le sommes pour toujours: j'ai tout bravé, tout supporté; mais le moment a été horrible.

LOUISE.

Que voulez-vous dire? quel moment?

FERDINAND.

Celui où une barrière éternelle devait se placer entre nous, où Louise n'eût plus été tout pour Ferdinand, où une autre femme...

LOUISE.

Une autre...

FERDINAND.

On osait m'imposer cet affreux sacrifice; mais rassure-toi, ma Louise, cette funeste union ne s'accomplira pas. Non, je ne sacrifierai pas l'innocence, je ne violerai pas un serment fait à la face du ciel.

LOUISE.

O mon Dieu! mes pressentiments ne me trompent pas. Pour moi le temps du bonheur est passé, celui des douleurs commence; quand finira-t-il? jamais.

FERDINAND.

Bannis ces alarmes, Louise. Que peux-tu redouter? ne suis-je pas près de toi? n'ai-je pas juré de veiller sur ta destinée? Va, quels que soient les obstacles que l'on m'oppose, je les renverserai tous; instances, prières, menaces, j'ai déjà tout bravé, je braverais même la mort plutôt que de me séparer de ma bien-aimée.

LOUISE.

Vous voulez me rassurer, Ferdinand, mais vous-même vous n'êtes pas tranquille; vos regards expriment la colère et l'effroi, vos lèvres sont tremblantes.

FERDINAND.

Non, je suis maître de moi; mes sentiments s'échappent de mon âme avec impétuosité, mais je vois nos périls avec sang-froid. Mon parti est pris sans retour, nous ne serons jamais désunis.

SCÈNE XI.

MILLER, FERDINAND, LOUISE.

(Miller entre vivement par le fond sans apercevoir Ferdinand.)

MILLER, jetant sa canne et son chapeau.

Une course inutile... Impossible de le voir... Comment prévenir maintenant les terribles effets de sa colère?... (Il se retourne et aperçoit Ferdinand.) Le major!... Vous chez moi, monsieur?

LOUISE.

O mon père!

MILLER.

Quels sinistres projets, quelle rage infernale vous ont ramené ici? Ne vous suffit-il pas d'avoir appelé sur cette maison la honte et la désolation? venez-vous y apporter de nouvelles douleurs?

FERDINAND.

J'y viens, monsieur, pour réparer ma faute, pour faire à Louise le serment solennel de n'avoir jamais d'autre épouse.

MILLER.

Qu'osez-vous dire? Ce serment, avez-vous le droit de le faire quand vous n'avez pas le pouvoir de le tenir, quand votre oncle vous ordonne de former d'autres nœuds?

FERDINAND.

Qu'importe sa volonté! Pour conserver le cœur de Louise j'ai résisté à ses ordres, je résisterais à l'univers entier.

MILLER.

Eh! malheureux! c'est cette résistance qui nous perd; c'est elle qui a excité la colère du président, c'est elle qui a amassé l'orage qui va fondre sur nous. Quel sort nous attend? l'opprobre, l'exil, la prison... peut-être; et tous ces maux, monsieur, tous ces maux seront votre ouvrage!

LOUISE.

O mon père! mon père! que n'ai-je eu plus de confiance en vous! Ah! le ciel m'en punit bien cruellement.

FERDINAND.

Monsieur Miller, j'ai mérité vos reproches, et, quelque humiliants qu'ils soient, je dois les supporter; mais quand Louise ne serait pas tout pour moi, quand ma destinée ne serait pas irrévocablement liée à la sienne, me croyez-vous assez lâche pour vous abandonner tous deux au courroux de mon oncle? Non, c'est moi seul qui suis coupable, et mon devoir est de vous défendre. Mon oncle est puissant, dites-vous, mais il est peut-être des moyens d'enchaîner sa vengeance; et, dussé-je en un instant briser tous les liens de la nature, dussé-je voir s'éteindre mon nom, ma réputation, mon honneur et ma vie, j'en prends le ciel à témoin, je vous sauverai tous les deux.

LOUISE.

Mon père, mon père... quelqu'un entre chez nous... C'est monsieur Wurm.

MILLER, qui a remonté la scène en même temps que Louise.

Grand Dieu! le président est avec lui.

LOUISE.

Le président!

FERDINAND.

Mon oncle! que vient-il faire?

LOUISE, se soutenant à peine.

Mes forces m'abandonnent.

MILLER.

Voilà l'instant décisif. Allons, du courage, Miller.

SCÈNE XII.

LES PRÉCÉDENTS, LE PRÉSIDENT, WURM.

(Au nom du président, Ferdinand, Miller et Louise sont restés tremblants à la même place. Le président aperçoit d'abord en entrant Miller et Louise qui le saluent avec respect; il les regarde avec mépris, et, sans répondre à leur salut, il détourne la tête; il avance dans la chambre et aperçoit Ferdinand.)

LE PRÉSIDENT, surpris.

Ferdinand!... (à part.) Quelle audace! (bas à Wurm et désignant Miller et sa fille.) Ce sont eux?

WURM, bas.

Oui, monseigneur.

LE PRÉSIDENT, à Ferdinand.

On ne m'avait donc pas trompé! Vous ici, monsieur?

FERDINAND.

Oui, mon oncle, dans l'asile de la vertu.

LE PRÉSIDENT.

Où vous oubliez votre premier devoir, le respect qui m'est dû. (s'adressant à Miller.) C'est vous qui vous nommez Miller?

MILLER.

Oui, monseigneur.

LE PRÉSIDENT.

Vous devinez le motif qui m'amène. J'aurais pu m'épargner cette démarche, mais j'ai voulu juger par moi-même si je devais user envers vous de rigueur ou d'indulgence; votre conduite règlera la mienne; répondez : vous êtes le père de...

(Il désigne Louise d'un air de mépris.)

MILLER, s'empressant de répondre.

Oui, monseigneur.

FERDINAND.

Monsieur Miller, éloignez mademoiselle.

LE PRÉSIDENT.

Non. (à Louise.) Approchez... Vous avez souffert les assiduités de monsieur? (montrant Ferdinand.) Vous saviez cependant qu'il était mon neveu?

LOUISE.

Eh bien! monsieur?

LE PRÉSIDENT.

Eh bien! vous deviez penser que son nom, son rang, sa fortune...

LOUISE.

Je n'ai pensé à rien de tout cela.

LE PRÉSIDENT, avec l'air du doute.

Oh!... Vous a-t-il fait des promesses?

FERDINAND.

Tout à l'heure encore, les plus solennelles, les plus sacrées.

LE PRÉSIDENT, à Ferdinand.

Attendez mes ordres pour parler. (à Louise.) Eh bien?

LOUISE.

Il m'a juré de m'aimer.

LE PRÉSIDENT.

Et vous avez répondu à ce serment ?...

LOUISE.

En le prononçant à mon tour.

LE PRÉSIDENT.

Sans doute vous n'avez point été trompée dans votre attente ? Sa générosité..

FERDINAND.

Monsieur le président!

MILLER.

Quoi! vous supposeriez ?...

LE PRÉSIDENT.

Laissez-la parler.

LOUISE, avec candeur.

Mon père, que veut dire monsieur le président ?

LE PRÉSIDENT.

Oh! rien de plus simple. On est dans la misère, on a quelques attraits...

LOUISE, avec l'exclamation de la douleur.

N'achevez pas, monsieur... je ne vous ai que trop bien compris... (après un temps.) Monsieur le major, vous êtes dégagé de vos serments.

MILLER, avec une fureur concentrée.

Sommes-nous assez humiliés!

FERDINAND.

Monsieur le président, comme oncle vous aviez un titre à mon respect; vous outragez celle qu'à la face du ciel j'ai juré de prendre pour épouse, vous avez détruit tous vos droits; je ne vous dois plus rien.

LE PRÉSIDENT.

Fort bien! C'est à moi peut-être de respecter cette fille?

MILLER, s'avançant furieux près du président.

Excellence!... cette fille est la mienne, ne vous en déplaise. La traiter aussi indignement, c'est donner un soufflet à son père, et, parmi nous, un soufflet en vaut un autre... ne vous en déplaise.

LE PRÉSIDENT.

Misérable! il te sied bien de te parer du titre de père... toi qui attirais mon neveu chez toi, et qui cherchais...

MILLER.

C'est faux, de toute fausseté, Excellence, ne vous en déplaise.

LE PRÉSIDENT.

Quoi! tu portes l'audace...

MILLER.

Excellence! cette chambre est la mienne. Quand je vais réclamer votre justice, vous me fermez la porte au nez, et moi je mets à la porte ceux qui m'outragent dans mon honneur... ne vous en déplaise.

LE PRÉSIDENT.

Quelle insolence! J'ai souffert trop longtemps... Wurm, faites entrer les gens de justice, et qu'ils s'emparent sur-le-champ de cet homme et de sa fille.

MILLER.

Quelle horreur!... quoi!... vous voudriez...

FERDINAND, à son oncle.

Au nom du ciel! écoutez... Par intérêt pour vous-même, ne précipitez rien...

LE PRÉSIDENT.

L'insulte a été inouie, le châtiment sera terrible. Allez, Wurm, obéissez.

LOUISE.

Ah! mon Dieu, prends pitié de nous!

MILLER, se saisissant d'une chaise.

Le premier qui approche, je l'étend à mes pieds.

LE PRÉSIDENT, s'avançant.

Tant de résistance!... Oseras-tu contre moi ?...

MILLER, menaçant le président.

N'avancez pas, ou, tout président que vous êtes...

LOUISE.

Mon père! que faites-vous ?

LE PRÉSIDENT.

Malheureux! oublies-tu qui je suis?

FERDINAND, le retenant par le bras.

Arrêtez, monsieur le président; souffrez que je tente sur vous un dernier effort. Je vous l'ai dit et je vous le jure, il n'y a ici de coupable que moi. J'ai tout osé, tout entrepris pour me faire aimer de Louise; si j'y suis parvenu, elle n'a point à rougir de sa tendresse; elle est la vertu même, et l'honnête Miller avait, jusqu'à ce jour, ignoré nos sentiments. Voici la vérité, j'en prends le ciel à témoin. Maintenant vous n'en sauriez douter, votre rigueur serait une injustice; voulez-vous renoncer à vos odieux projets?

LE PRÉSIDENT.

Non, je vous le répète, il ne sera pas dit que cette famille m'aura impunément outragé.

FERDINAND.

Pour la dernière fois, monsieur, vous persistez?

LE PRÉSIDENT.

Oui, laissez-moi.

FERDINAND.

Eh bien! puisque la vertu est sans empire sur votre âme, allez assouvir votre orgueil et votre vengeance, allez; (à demi-voix et l'emmenant sur l'avant-scène.) moi, je cours apprendre à toute la ville par quels moyens vous êtes devenu président.

LE PRÉSIDENT.

Grand Dieu! vous sauriez... Demeurez... demeurez... Wurm, faites retirer les gens de justice.

(Wurm se dirige vers la porte du fond; Louise, soutenue par son père, est près de s'évanouir; Ferdinand s'élance vers elle, mais Miller l'empêche d'approcher, et le président cherche à l'emmener avec lui.)

ACTE DEUXIÈME.

La scène est chez le président. Le théâtre représente son cabinet; une porte en face et deux autres latérales.

SCÈNE I.

LE PRÉSIDENT, WURM. Le président est assis et paraît plongé dans ses réflexions. Wurm arrive par la porte du fond d'un air empressé.

LE PRÉSIDENT, se levant.

Ah! c'est toi, Wurm! Eh bien! le major?

WURM.

Je le quitte à l'instant, monseigneur.

LE PRÉSIDENT.

Que t'a-t-il dit? Sais-tu jusqu'à quel point il a pénétré le mystère qu'il menace de dévoiler, jusqu'à quel point il peut impunément se soustraire à mon obéissance?

WURM.

Oui, monseigneur, je sais que vous êtes entièrement à sa discrétion.

LE PRÉSIDENT.

Est-il possible!

WURM.

Il ne vous est plus permis d'en douter; j'ignore comment il a pu faire cette funeste découverte, mais il connait tout, il a la preuve de tout, et j'ai remarqué qu'il appuyait avec soin sur les moindres détails, pour vous convaincre davantage du danger de votre position.

LE PRÉSIDENT.

C'en est donc fait; je ne puis rien sur Ferdinand! Si j'usais maintenant de mon autorité, si j'employais la violence, un mot, un seul mot de lui, et je serais perdu sans retour.

WURM.

Il n'est que trop vrai; mais comment ferez-vous, monseigneur? Vous avez donné votre parole au duc d'Ostheim; l'union de sa fille avec monsieur le major est maintenant connue de toute la cour; le prince désire, il ordonne cet hymen; c'est demain qu'il doit avoir lieu; pouvez-vous songer à rompre aujourd'hui ces engagements solennels? Comment Son Altesse verrait-elle sa volonté méconnue; comment le duc supporterait-il cet outrage? Il est tout-puissant, et qui sait si la rupture de cette alliance ne serait pas le signal de votre disgrâce.

LE PRÉSIDENT.

Oui, oui, j'aurais tout à craindre. Mais en y réfléchisssant bien, penses-tu, Wurm, que Ferdinand oserait dénoncer son oncle et vouer le nom qu'il porte au mépris public?

WURM.

Ne vous y fiez pas, monseigneur; il n'est rien dont ne soit capable une passion exaltée par les obstacles. Jusqu'ici les nœuds du sang ont pu imposer silence au major; mais si vous exaspériez son amour, n'en doutez pas, il s'affranchirait de tout scrupule, et dans son indignation il briserait l'unique frein qui peut l'attacher à vous.

LE PRÉSIDENT.

Malheureux! tu me places là sur le bord d'un précipice épouvantable...

WURM.

C'est pour en détourner vos pas, monseigneur. Veuillez m'écouter: ce matin, en sortant de chez Miller, je vous ai communiqué le plan que je venais de concevoir. L'exécution me présentait d'abord de grandes difficultés; j'y ai réfléchi depuis, et maintenant le succès me paraît immanquable.

LE PRÉSIDENT.

Sache donc que ce serait s'exposer de nouveau à toute la colère de Ferdinand... Tu voudrais faire arrêter Miller?

WURM.

Pour quelques heures, c'est indispensable; mais monsieur le major ne pourra rien savoir; il est aujourd'hui de garde auprès de son Altesse, et avant qu'il ait quitté son poste nous aurons réussi.

LE PRÉSIDENT.

Mais Louise, comment espères-tu?...

WURM.

Je suis sûr de la déterminer.

LE PRÉSIDENT.

Wurm, il faut prendre garde; si Ferdinand découvrait ce nouvel acte d'hostilité...

WURM.

Eh! monseigneur, n'ai-je donc pas le plus puissant intérêt à réussir? D'abord, le désir de vous être utile... ensuite, vous connaissez mes vues sur Louise, et en la séparant à jamais de votre neveu je me prépare un espoir pour l'avenir. Enfin, et cette considération n'est pas la moins importante, j'ai été l'agent principal de toute l'intrigue, et si elle était découverte, je ne m'abuse pas, je jouerais plus gros jeu que Votre Excellence; vous en seriez quitte pour être exilé peut-être, moi j'aurais en perspective quelque chose de moins noble et de plus désagréable.

LE PRÉSIDENT.

Je sais, Wurm, que je puis me fier à toi. Eh bien! puisque nous n'avons pas le choix des moyens, il faut essayer celui que tu me proposes.

WURM.

Il suffit, monseigneur, je vous réponds de tout; mais le temps presse... (*tirant un papier de sa poche.*) Voici l'ordre d'arrêter Miller; hâtez-vous de le signer.

LE PRÉSIDENT.

Comment! tu l'avais écrit d'avance?

WURM.

Vous pouviez adopter mon plan; il faut tout prévoir en affaires.

LE PRÉSIDENT, *signant.*

Tu es d'une précaution... Cependant, tu as oublié quelque chose; nous allons avoir besoin d'un tiers pour nous seconder.

WURM.

Oh! j'y ai songé, monseigneur.

LE PRÉSIDENT.

Et sur qui as-tu jeté les yeux?

WURM.

Sur le baron de Kalb.

LE PRÉSIDENT.

Le baron? Tu penses qu'il conviendra?

WURM.

Parfaitement. Enchaîné de tout temps à votre sort, le baron n'a d'existence à la cour que par votre crédit; si vous pâlissez, il s'éclipse; si vous chancelez, il tombe : c'est l'homme qu'il vous faut.

LE PRÉSIDENT.

Cependant, s'il allait refuser?

WURM.

Il s'en gardera bien, et vous avez trop de ressources dans l'esprit pour ne pas le décider, monseigneur.

UN HUISSIER *entre et annonce.*

Monsieur le chambellan, baron Kalb.

(*L'huissier sort.*)

WURM.

Je vous laisse avec lui, monsieur le président, et je cours pendant ce temps exécuter nos projets.

(*Kalb arrive précipitamment avec l'huissier.*)

LE PRÉSIDENT, *à l'huissier.*

Je ne suis, ce matin, visible pour personne.

(*Wurm sort avec l'huissier.*)

SCÈNE II.

LE PRÉSIDENT, KALB.

KALB.

Serviteur, mon cher président, vous me voyez dans la joie, dans le ravissement... j'accours vous apporter une heureuse nouvelle.

LE PRÉSIDENT.

Une heureuse nouvelle?

KALB.

Oui, j'ai voulu être le premier à vous annoncer qu'en faveur du mariage de votre neveu Son Altesse doit le nommer aujourd'hui même colonel de ses gardes.

LE PRÉSIDENT.

Colonel des gardes! Ferdinand! Est-il possible?

KALB.

C'est on ne peut pas plus officiel. Le prince vient de le dire tout à l'heure devant moi au duc d'Ostheim... devant moi, c'est-à-dire, j'étais dans le salon à côté, mais j'ai l'oreille excellente et l'habitude de faire antichambre; vous savez, on entend à demi-mot. C'est une surprise que le prince vous ménage, et je viens en ami vous prévenir secrètement de la surprise.

LE PRÉSIDENT.

Je vous remercie de votre empressement; mais je crains bien que Ferdinand ne se montre pas aussi digne qu'il le devrait de la faveur du prince.

KALB.

Comment donc?

LE PRÉSIDENT.

Je vous l'ai dit, une passion insensée...

KALB.

Il me semblait que vous deviez ce matin même mettre fin à cette folie de jeune homme, et faire disparaître la belle qui a l'audace de se faire aimer sans votre permission.

LE PRÉSIDENT.

En effet, mais je crains un éclat; et puis, j'ai réfléchi que ce serait irriter davantage la résistance de Ferdinand.

KALB.

D'accord, mais comment voulez-vous faire? Il n'y a point à reculer maintenant, il faut que le mariage se fasse.

LE PRÉSIDENT.

Il le faudrait du moins, mais Ferdinand m'a déclaré très positivement qu'il n'épouserait pas mademoiselle d'Ostheim.

KALB.

En vérité! A-t-on jamais vu une pareille extravagance! Qui sait les suites qu'un pareil refus peut avoir?

LE PRÉSIDENT.

Oh! je ne m'abuse pas; je vois clairement qu'il y va pour moi d'une disgrâce totale.

KALB, effrayé.

Quoi! mon cher ami, vous pensez...

LE PRÉSIDENT.

Oh! j'y compte. Que voulez-vous? j'ai déjà pris mon parti, et si j'éprouve quelque regret, ce n'est pas à cause de moi : j'ai peu d'ambition, je me consolerai; mais j'ai des amis, de bons amis que je ne pourrai plus servir, voilà ce qui m'afflige; et malheureusement j'entrevois que ma perte entraînera celle de beaucoup d'autres, surtout de ceux qui comme vous, mon cher Kalb, m'ont donné tant de preuves d'une véritable amitié.

KALB.

Vous me faites trembler. Quoi! je ne serais plus chambellan!

LE PRÉSIDENT.

Je le crains, je vous l'avoue, surtout si, comme je le pense, c'est le grand-échanson qui obtient la main de mademoiselle d'Ostheim.

KALB.

Quoi! mon ennemi mortel, un intrigant qui m'a soufflé dans sa vie plus de cent occasions de faire ma cour, qui depuis vingt ans me dispute pied à pied la faveur du prince! Ce serait à devenir fou! Mais il ne faut pas souffrir cela. Voyons, mon cher président, n'y aurait-il pas quelque moyen...

LE PRÉSIDENT.

Ma foi! je n'en verrais qu'un seul, mais je doute encore...

KALB.

N'importe, il faut essayer.

LE PRÉSIDENT.

Je ne sais trop si je dois...

KALB.

Je vous en prie...

LE PRÉSIDENT.

Eh bien! puisque cela peut vous rendre service... Eh! tenez, j'y pense, vous, mieux que personne, pouvez me seconder.

KALB.

Moi! Oh! parlez! il n'y a rien que je ne fasse pour rester chambellan.

LE PRÉSIDENT.

Depuis que je suis instruit de l'intrigue de Ferdinand, vous concevez que j'ai cherché à me procurer tous les renseignements possibles.

KALB.

Cela va sans dire. Eh bien?

LE PRÉSIDENT.

Il se croit aimé, et je sais, moi, qu'il n'en est rien.

KALB.

C'est toujours comme cela; la belle en aime un autre, je parie.

LE PRÉSIDENT.

Précisément, et ce qui vous surprendra c'est que cet autre...

KALB.

C'est?

LE PRÉSIDENT.

Vous.

KALB.

Moi!

LE PRÉSIDENT.

Vous-même.

KALB.

Dame! c'est possible; on a quelques succès... Mais comment se nomme la belle?

LE PRÉSIDENT.

Louise Miller.

KALB.

La fille du musicien?

LE PRÉSIDENT.

Oui.

KALB.

Ma foi! j'en suis fâché, mon cher président, vous êtes mal informé. Il est vrai que la petite est fort jolie, et qu'en allant chez son père je lui ai adressé quelquefois des compliments; mais cela n'a pas été plus loin, et je n'ai jamais songé sérieusement à elle.

LE PRÉSIDENT.

D'accord; mais si elle a songé à vous?

KALB.

Comment! vous croyez?

LE PRÉSIDENT.

J'en suis certain.

KALB.

Impossible! Vous voulez plaisanter, je m'en serais aperçu.

LE PRÉSIDENT.

Je m'engage à vous fournir la preuve que Louise est folle de vous.

KALB.

En vérité! Dame! si c'est comme cela, je n'ai plus rien à dire; mais je vous avoue franchement que je ne m'en serais jamais douté.

LE PRÉSIDENT.

Vous concevez le parti qu'on peut tirer de cette circonstance. On prévient secrètement Ferdinand que vous êtes le rival préféré, et, s'il vous en parle, vous en convenez franchement.

KALB.

C'est clair... Au fait, puisque c'est la vérité, je ne vois pas d'inconvénient...

LE PRÉSIDENT.

Surtout, si vous voulez que je me mêle de cette affaire, n'allez pas laisser soupçonner que nous sommes d'accord; la plus grande discrétion...

KALB.

Soyez donc tranquille; je suis trop adroit, et trop intéressé au succès pour laisser échapper une aussi belle occasion.

SCÈNE III.

LES PRÉCÉDENTS, WURM.

WURM arrive par la porte à droite et s'arrête.

Monseigneur, puis-je, sans indiscrétion...

LE PRÉSIDENT.

Oui, oui, tu peux entrer; (à Kalb.) vous permettez... (bas à Wurm.) Eh bien! Louise?

WURM, à demi-voix.

Je l'ai décidée.

LE PRÉSIDENT, de même.

Vraiment!

WURM, de même.

Elle est ici.

LE PRÉSIDENT, de même.

A merveille. (haut, à Kalb.) Pardon, mon cher de Kalb, mais une affaire indispensable...

KALB.

C'est bien, ne vous gênez pas; je vous laisse.

LE PRÉSIDENT.

Ne tardez pas à revenir, j'aurai sans doute besoin de vous.

KALB.

Je serai promptement de retour; il ne me reste plus ce matin que quinze visites à faire, il est vrai, toutes à des amis intimes; mais j'espère être assez heureux pour ne trouver personne.

(Il sort.)

SCÈNE IV.

LE PRÉSIDENT, WURM.

WURM.

Il paraît, monseigneur, que vous avez réussi avec le chambellan?

LE PRÉSIDENT.

Parfaitement. Mais Louise, comment as-tu pu la déterminer?

WURM.

Le succès a surpassé mon espoir. Après avoir fait arrêter Miller hors de chez lui, sans bruit et sans esclandre, je me suis rendu près de Louise, et je lui ai appris cet événement comme un malheur que je n'avais pu empêcher. Sa douleur parut d'abord extrême; elle voulait courir à la prison de son père, mais je lui fis entrevoir qu'elle pouvait le servir plus utilement, et peut-être obtenir sa liberté, en venant implorer sa grâce auprès de Votre Excellence. Elle a d'abord repoussé cette idée avec force; elle m'a regardé avec défiance, et j'ai vu qu'elle doutait de ma franchise. Alors, prenant un ton que j'ai cherché à rendre le plus vrai et le plus touchant possible, je lui ai offert de lui aplanir tous les obstacles pour parvenir auprès de vous; je lui ai dit que j'avais déjà plaidé la cause de Miller, que vous étiez plus favorablement disposé; enfin, j'ai su si bien la persuader, que loin de conserver le moindre doute, elle m'a suivi avec empressement, et même avec reconnaissance.

LE PRÉSIDENT.

C'est on ne peut mieux... Tu as bien pris toutes les précautions...

WURM.

Oui, monseigneur. Une voiture de place, la petite porte de l'hôtel, l'escalier dérobé, tous les indiscrets écartés... impossible qu'on ait pu nous apercevoir.

LE PRÉSIDENT.

Eh bien! ne tardons pas; fais-la entrer sur-le-champ.

WURM.

Je cours la chercher.

(Il sort par la droite.)

LE PRÉSIDENT, à lui-même.

Maintenant, Louise va venir, et si nous pouvons obtenir d'elle... La voici... point de faiblesse; ne songeons qu'au succès de mes espérances.

(Il s'assied à son bureau et écrit.)

SCÈNE V.

LE PRÉSIDENT, LOUISE, WURM.

WURM, à Louise qu'il tient par la main et qui paraît interdite et tremblante.

Venez, mademoiselle, venez, ne craignez rien; je vous l'ai dit, j'ai prévenu monsieur le président, et vous pouvez tout espérer... Allons, remettez-vous. (au président.) Monseigneur, voici mademoiselle Miller.

LE PRÉSIDENT.

Ah! fort bien.

LOUISE, avec crainte.

Monseigneur...

LE PRÉSIDENT, avec bonté.

Approchez, mademoiselle, approchez; ma présence ne doit plus vous intimider.

LOUISE, surprise, regardant le président.

Quel changement!... Mais, oui, cet air de douceur, de bonté! (s'approchant un peu.) Ah! monseigneur, il est donc bien vrai, vous daignez vous intéresser à une infortunée!

LE PRÉSIDENT.

Oui, oui, mademoiselle; je sais maintenant que je vous avais mal jugée.

LOUISE.

L'ai-je bien entendu! Vous me rendez votre estime; cette faveur doit être pour moi le gage d'un bien plus précieux... vous savez que mon malheureux père...

LE PRÉSIDENT.

Il est vrai, Miller s'est oublié jusqu'à me prodiguer l'outrage et les menaces; cette conduite coupable méritait une punition sévère, j'ai dû le faire arrêter; et, je ne vous le cache pas, sa résistance pouvait avoir pour lui les suites les plus terribles; mais Wurm m'a vivement intercédé en sa faveur...

LOUISE, *à Wurm, avec reconnaissance.*

Ah! monsieur...

LE PRÉSIDENT.

Et ses instances, l'intérêt que m'inspirait votre position, l'ont emporté sur mon juste ressentiment. Je viens de signer l'ordre de mettre votre père en liberté.

LOUISE.

En liberté!... N'est-ce point une illusion?... ne me trompez-vous pas?... Mais non, c'est vous qui me le dites. Pardon, pardon, si un doute... mais un bienfait si grand, un bonheur si inespéré... Ah! monseigneur... monseigneur... je tombe à vos genoux...

LE PRÉSIDENT, *la relevant.*

Que faites-vous, mademoiselle?

LOUISE, *avec abandon.*

Puis-je donc trouver des bornes à ma reconnaissance? Ah! jamais le cœur de Louise ne cessera de vous bénir... Oui, tous les jours je veux prier pour vous... mais chaque instant qui s'écoule est pour mon pauvre père une souffrance de plus; que son heureuse fille ne tarde pas à voler dans ses bras! Donnez-moi, monseigneur, donnez-moi l'ordre précieux qui va briser ses fers.

LE PRÉSIDENT, *allant prendre un papier sur son bureau.*

Le voici, mademoiselle.

LOUISE, *avançant la main pour le prendre.*

Que de bontés!

LE PRÉSIDENT.

Mais je dois mettre à votre bonheur une juste condition.

LOUISE, *avec effroi.*

Une condition!

LE PRÉSIDENT.

Wurm m'a promis que votre obéissance...

LOUISE, *regardant Wurm avec défiance.*

Monsieur Wurm?

WURM.

Oui, mademoiselle; j'ai pensé que vous n'hésiteriez pas à rendre à monsieur le président un service que lui méritent ses bontés pour vous, et auquel d'ailleurs est irrévocablement attachée la grâce de votre père.

LOUISE.

Quoi! la grâce de mon père va dépendre!...

WURM.

De votre résolution; oui, mademoiselle.

LOUISE.

Grand Dieu!... Et qu'exigez-vous, monsieur le président?

LE PRÉSIDENT.

Écoutez, Louise... votre liaison avec le major a détruit mes plus chères espérances; moi, je puis à l'instant combler toutes les vôtres; mais est-il juste que vous me deviez le bonheur et que vous m'en priviez?... Eh bien! faites aujourd'hui pour moi ce que je fais pour vous; je vous rends votre père, rendez-moi mon neveu, renoncez à Ferdinand.

LOUISE.

Renoncer à Ferdinand! Hélas! le sacrifice n'est-il pas déjà fait? Que suis-je donc maintenant pour lui? Est-il encore quelque chose pour moi? Non, tout est fini, toutes les illusions sont évanouies. Je l'ai enfin compris; j'avais formé des vœux insensés, des espérances téméraires, j'y renonce en gémissant, mais j'y renonce pour toujours... je ne le verrai plus, je vous le jure; je fuirai sa présence, j'irai pleurer dans la solitude le temps des prestiges dont m'entourait l'amour; là, du moins, personne ne m'enviera mes larmes.

LE PRÉSIDENT, *à part.*

Pauvre enfant! je ne puis me défendre!...

LOUISE, *avec résignation.*

Mais mon malheur n'est rien; qu'importe que je souffre si mon père est sauvé!.. (*au président.*) Vous le voyez, monseigneur, je n'hésite pas, je promets tout; vous devez être satisfait... De grâce, ne tardez plus, laissez-moi partir, remettez-moi cet écrit... (*Le président détourne les yeux et éloigne la main dans laquelle il tient l'ordre de liberté.*) Vous ne me le donnez pas? Pourquoi? qui vous arrête encore?

WURM, *qui a vu l'émotion du président.*

Je vais vous en instruire, mademoiselle.

LOUISE.

M'en instruire!... Grand Dieu! tout n'est donc pas fini?

WURM.

Monsieur le président est persuadé que vous tiendrez votre promesse, mais vous concevez que le but ne sera pas atteint tant que monsieur le major pourra conserver une seule espérance; il faudrait donc le forcer à renoncer volontairement à vous.

LOUISE.

Puis-je donc le contraindre à me haïr?

WURM.

Vous pouvez, mademoiselle, faire ouvrir à l'instant la prison de votre père.

LOUISE.

Mon pauvre père!... Parlez, monsieur, parlez; que faut-il faire?

WURM, lui indiquant le bureau.

Vous asseoir, mademoiselle, et écrire.

LOUISE.

Écrire!

WURM.

Ce que je vais avoir l'honneur de vous dicter.

LOUISE, indécise.

Vous! monsieur... (se retournant du côté du président et cherchant à lire dans ses yeux.) Monseigneur...

LE PRÉSIDENT, sans la regarder.

Écrivez, mademoiselle.

LOUISE, à part.

Quel est donc leur projet? Mais que puis-je craindre encore? n'ai-je donc pas renoncé à Ferdinand?

(Elle s'approche du bureau avec résignation, s'assied et prend une plume.)

Je suis prête, monsieur; que faut-il que j'écrive?

WURM.

Une lettre, mademoiselle.

LOUISE.

Une lettre! (à part.) à Ferdinand sans doute. (haut.) Quand vous voudrez.

WURM, dictant.

« Monsieur le baron. »

LOUISE.

Comment! Pour qui donc est cette lettre?

WURM.

Vous le saurez.. (dictant.) « Monsieur le baron, « je m'empresse de vous apprendre une heu- « reuse nouvelle, et vous vous en réjouirez avec « moi, si vous m'aimez autant que je le pense. »

LOUISE, se levant.

Qu'osez-vous me dicter?... Cette lettre, monsieur, ne peut s'adresser à personne.

WURM.

Louise, songez à votre père.

LOUISE.

Quoi! vous voulez... Et vous aussi, monseigneur, vous exigeriez...

LE PRÉSIDENT.

Écrivez, mademoiselle.

LOUISE, se rasseyant.

O mon Dieu! plus d'espoir!

WURM, dictant.

« Autant que je le pense. » (parlant.) Avez-vous mis?

LOUISE.

Continuez.

WURM, dictant.

« Je suis enfin débarrassée des importunités du major. »

LOUISE.

Des importunités! Et il faut que ma main...

WURM.

Songez à votre père.

LOUISE.

Oui, oui. (se hâtant d'écrire.) « Des importunités du major. »

WURM, dictant.

« Et vous n'aurez plus maintenant de rival à redouter. Désormais nous pourrons nous voir sans obstacle. »

LOUISE, écrivant.

Sans obstacle!

WURM, dictant.

« Ce soir je serai seule. »

LOUISE, s'arrêtant.

Seule! Qu'entendez-vous?

WURM.

Écrivez. (dictant.) « Je serai seule; venez à dix heures; je vous attends. »

LOUISE.

Quelle horreur! Ah! c'en est trop! Moi! donner ce honteux rendez-vous! Ne l'espérez pas; jamais, jamais je n'y consentirai. Pour sauver l'auteur de mes jours j'ai pu convenir que je n'aimais pas Ferdinand, que je le trompais, que j'en aimais un autre; mon cœur seul en souffrait, j'ai pu le déchirer; mais appeler sur ma tête la honte et l'infamie, mais avouer que je suis la plus vile, la plus méprisable de toutes les femmes, non! mille fois plutôt la mort; mon père lui-même maudirait sa liberté si je la payais de mon déshonneur.

WURM, à Louise, en regardant le président.

Prenez-y garde, Louise; monsieur le président a souffert longtemps toutes vos incertitudes; tant d'obstination pourrait à la fin fatiguer sa patience.

LOUISE.

Eh quoi! monseigneur, vous êtes témoin de tant d'horreurs, et vous ne les empêchez pas! Vous voyez toutes les douleurs dont on m'accable, et vous avez l'affreux courage de les approuver! Eh bien! moi aussi j'aurai du courage, celui qu'inspire le malheur, et nous verrons lequel des deux l'emportera. Maintenant je brave tout, je ne prends plus conseil que de mon désespoir. Je vous avais juré de ne plus voir Ferdinand, votre cruauté me dégage de mes serments. Je cours auprès de lui; il connaîtra la vérité, et il saura encore une fois vous forcer à être juste.

LE PRÉSIDENT.

Quelle audace! et que me rappelez-vous? Quoi! malheureuse, vous osez me menacer d'une pareille démarche? Ignorez-vous qu'il est des cachots d'où votre voix ne pourrait se faire entendre?

LOUISE.

Eh bien! consommez donc toutes vos injustices; mais, à moins de me tuer, vous n'étoufferez pas mes cris, et ils parviendront peut-être jusqu'à Ferdinand.

WURM.

Que faites-vous, mademoiselle! Ignorez-vous donc dans quelle affreuse position se trouve Miller? Il a osé lever la main sur monsieur le président, et c'est un crime que les lois punissent de mort.

LOUISE, s'arrêtant épouvantée.

La mort!

LE PRÉSIDENT.

Oui, je n'ai qu'un mot à dire... et c'est l'échafaud qui l'attend.

LOUISE.

Grand Dieu! l'échafaud! mon père!

LE PRÉSIDENT, lui montrant l'ordre de liberté.

Cet écrit allait l'y soustraire! vous m'y forcez; eh bien! qu'il soit à l'instant anéanti.

LOUISE, s'élançant vers le président en poussant un cri déchirant.

Ah!... de grâce, arrêtez... J'écrirai, monseigneur, j'écrirai tout... Oui, je cède à la fatalité! (à Wurm, en se précipitant elle-même vers le bureau, où elle s'assied.) Dictez, monsieur, dictez tout ce que vous voudrez; mais hâtez-vous, je n'aurai pas la force... (écrivant.) « Je serai seule; venez à dix heures; je vous attends... »

WURM.

Bien. Maintenant signez.

LOUISE.

« Louise Miller. » Est-ce tout?

WURM, qui a plié la lettre.

Mettez: « A monsieur le baron de Kalb. »

LOUISE.

Quoi! c'est à lui!... Un nom si étranger à mon cœur!... (Après avoir écrit, elle se lève, et d'un air résigné s'adressant au président.) Rien ne manque plus, je pense, au sacrifice? (lui présentant la lettre.) Tenez, monseigneur; je vous abandonne plus que ma vie; croyez-vous maintenant que j'aie acheté votre justice assez cher?

LE PRÉSIDENT.

Il suffit; je vais accomplir ma promesse; seulement vous concevez qu'un voile à jamais impénétrable doit couvrir les moments que vous avez passés ici. Jurez-moi donc que vous ne révélerez à personne comment et pourquoi vous avez écrit cette lettre, et que vous ne nierez jamais ce qu'elle contient.

LOUISE, à part.

Ils osent invoquer la sainteté des serments!

LE PRÉSIDENT, faisant le geste de déchirer l'écrit.

Vous hésitez?

LOUISE.

Non... Quelles que soient les douleurs qui m'attendent, je vous jure un secret éternel.

WURM.

Songez-y bien, la vie de votre père dépend de votre silence.

(On entend parler à haute voix.)

WURM.

Quel est ce bruit?

FERDINAND, en dehors.

Je veux entrer, vous dis-je.

LOUISE.

C'est la voix de Ferdinand!

WURM, entraînant Louise.

Vite, il faut vous éloigner. Venez, venez, mademoiselle.

LOUISE.

Mais l'ordre de liberté?

LE PRÉSIDENT, de la porte du fond, qu'il empêche d'ouvrir.

Vous l'aurez tout à l'heure.

LOUISE.

Non, non, je ne puis...

WURM, l'entraînant avec force.

Obéissez, il le faut.

LOUISE.

Oh! mon Dieu! aurai-je fait un sacrifice inutile!

(Wurm la pousse vivement et sort avec elle; le président ouvre la porte du fond, et Ferdinand paraît.)

SCÈNE VI.

LE PRÉSIDENT, FERDINAND.

LE PRÉSIDENT.

Eh bien! pourquoi tout ce bruit? que signifie?...

FERDINAND.

Ce que je viens d'apprendre ne me permet aucun ménagement: Louise a été conduite en ces lieux.

LE PRÉSIDENT.

Comment! qui vous a dit?...

FERDINAND.

Pensez-vous donc que je sois resté sans défiance? Retenu au palais, je ne pouvais moi-même protéger celle que j'aime; mais on veillait sur elle, et l'on m'a tout appris; Wurm est allé la chercher, de votre part sans doute, et il l'a amenée ici; sous quel prétexte, je l'ignore; mais enfin elle y est venue, et moi j'accours pour la défendre. Quand tous vos hommes de justice voudraient l'enlever à mon amour, tenez, (lui montrant une paire de pistolets.) voici de quoi l'arracher de leurs mains; et si ces armes étaient impuissantes, vous savez, monsieur, quel moyen extrême il me resterait pour obtenir justice.

LE PRÉSIDENT.

Calmez-vous, Ferdinand! Vous n'aurez plus à vous plaindre de moi et vous allez tout savoir.

FERDINAND.

Eh bien! répondez: où est Louise? qu'en avez vous fait?

LE PRÉSIDENT.

Depuis quelques instants elle a quitté ces lieux

FERDINAND.

Mais quels étaient vos projets en l'appelant auprès de vous?

LE PRÉSIDENT.

Le désir d'éclaircir par elle un fait qui vous intéresse vivement.

FERDINAND.

Qui m'intéresse!... épargnez-vous, monsieur, la peine de me tromper; tant de zèle au contraire doit me paraître suspect.

LE PRÉSIDENT.

Écoutez-moi, Ferdinand; vous m'avez vanté ce matin la candeur, l'innocence de la fille de Miller.

FERDINAND.

Oui, sans doute; rien sur la terre n'est plus pur que sa vertu.

LE PRÉSIDENT.

Vous allez en juger vous-même.

FERDINAND.

Que voulez-vous dire? Oseriez-vous douter?...

LE PRÉSIDENT.

Encore une fois, écoutez. On m'avait prévenu que vous étiez la dupe de votre folle tendresse, que l'on abusait indignement de votre crédulité... Si je vous l'avais dit ce matin...

FERDINAND.

J'aurais repoussé et je repousse encore avec horreur une semblable imposture.

LE PRÉSIDENT.

Moi qui suis de sang-froid et qui n'ai pas tant de confiance, j'ai dû chercher à m'assurer de la vérité. On m'avait dévoilé toute l'intrigue; j'ai prodigué l'or pour en avoir la preuve, et je viens enfin de l'acquérir.

FERDINAND.

La preuve, dites-vous, la preuve d'une perfidie de Louise! Non, non, vous voulez me tromper, monsieur; c'est impossible.

LE PRÉSIDENT.

Impossible! malheureux! quelle est votre erreur?... Que diriez-vous si l'on avait intercepté une lettre de Louise à celui qu'elle vous préfère?

FERDINAND.

Une lettre de Louise?

LE PRÉSIDENT.

Vous connaissez son écriture?

FERDINAND.

Eh bien!

LE PRÉSIDENT, lui présentant la lettre.

Lisez.

FERDINAND, lisant la suscription.

Grand Dieu!... au baron de Kalb!... C'est elle... c'est bien elle... je ne saurais m'y tromper... (ouvrant la lettre.) Ah! que vais-je apprendre; je frémis malgré moi! (parcourant la lettre dans le plus grand trouble.) Est-il possible!... Quelle perfidie!... Mes importunités!... Elle qui paraissait si heureuse de ma présence... La malheureuse! il lui tarde de le voir... elle l'appelle... elle l'attend... Quelle horreur! et qui aurait pu croire à tant de faussetés et de dépravation!

LE PRÉSIDENT, à part.

La fureur qui l'aveugle me répond du succès.

FERDINAND, anéanti.

Je doute si je veille, ou si un songe épouvantable...

LE PRÉSIDENT.

Maintenant, vous connaissez toute la vérité; c'est à vous de juger ce qu'il vous reste à faire; je vous laisse à vos réflexions.

(Il sort.)

SCÈNE VII.

FERDINAND, seul.

(Le président s'est éloigné, et Ferdinand ne s'en est point aperçu; il reste un instant plongé dans une morne stupeur, puis revenant à lui, il dit :)

Oui, je n'en saurais douter; elle me trahissait!... Maintenant un jour affreux m'éclaire. Les visites assidues de ce Kalb, le mystère dont elles étaient environnées, le refus de m'en apprendre la cause, tout s'éclaircit, tout s'explique à présent. Et quand je voudrais hésiter à la croire coupable, voilà... oui, voilà son écriture... La perfide! comme elle abusait de ma confiance! comme elle se jouait de ma crédulité! Ce matin encore, quand je doutais de sa constance, avec quelle apparence de franchise, avec quel air de candeur elle a désarmé mes soupçons! (avec force.) Mais, c'en est fait, le voile est tombé; Louise n'est plus rien pour moi... Le mépris dans mon cœur a remplacé l'amour... L'ingrate! et pour qui me trahit-elle?... pour un baron de Kalb!... Kalb! ah! je sens à ce nom se rallumer toute ma fureur; sans lui peut-être, sans ses perfides séductions, Louise serait encore digne de ma tendresse... Malheur, malheur au misérable qui a détruit ainsi tous mes rêves de bonheur, toutes les illusions de ma vie!

(A ce moment Kalb ouvre doucement la porte du fond.)

SCÈNE VIII.

FERDINAND, KALB.

KALB, gaîment et à part.

Oh! il est là! Bon, le président m'a donné le mot : amusons-nous à ses dépens.

(Il approche.)

FERDINAND, se retournant et l'apercevant.

C'est lui!

KALB.

Ah! vous voilà, mon cher major. Ravi de vous

rencontrer... Je suis toujours enchanté quand j'ai le plaisir de vous voir.

FERDINAND, avec une fureur concentrée.

Et moi aussi, je suis enchanté de vous trouver ici.

KALB.

Qu'avez-vous donc, mon bon ami? Vous me dites cela avec un ton...

FERDINAND, lui prend la main qu'il serre avec force et l'entraîne sur l'avant-scène.

Réponds-moi, malheureux.

KALB.

Eh bien! eh bien! qu'est-ce que vous faites donc?

FERDINAND.

Tu vas souvent chez Louise Miller, et tu y vas en secret?

KALB.

Sans doute, mon bon ami; mais si vous pouviez vous dispenser...

FERDINAND.

Et tu t'en es fait aimer?

KALB, à part.

Si j'ai le malheur de dire oui, c'est fait de moi.

FERDINAND.

Parleras-tu, misérable?

KALB.

Oui, oui, mon cher major... Mais vous me faites là une question si brusque, si imprévue... je ne sais trop...

FERDINAND.

Lâche, tu n'as pas le courage d'avouer ton bonheur!... Eh bien! nieras-tu aussi que cette lettre te soit adressée?

KALB.

Cette lettre!

FERDINAND.

Oui, tiens, vois, ce rendez-vous, cet infernal rendez-vous qu'elle te donne!

KALB, jetant les yeux sur la lettre.

Ah! il y a un rendez-vous... (à part.) Au fait, il paraît qu'elle m'adore; le président avait raison.

FERDINAND.

Et c'est pour toi qu'elle dédaigne ma tendresse, pour toi qui repousserais l'amour au lieu de l'encourager; mais si tu es la cause de mon désespoir, tu n'en seras pas longtemps le témoin. (Il prend ses pistolets et lui en présente un.) Tiens, prends cette arme.

KALB, reculant.

Comment! mon cher, comment! pour une bagatelle semblable vous voudriez...

FERDINAND.

Prends, te dis-je, ou je ne réponds pas de ma fureur. Il faut que nos destinées s'accomplissent; plus de retards, allons! Ajuste et ajuste bien surtout, là, au cœur, ce sera plus tôt fait... Que ta main soit assurée; va, la mienne ne tremblera pas.

KALB.

Eh bien! moi, mon cher ami, je suis sûr que je vous manquerais... ainsi c'est inutile.

FERDINAND.

Tu hésites encore! Veux-tu donc mourir seul? veux-tu donc que je termine ta vie par un crime?

(Il place le bout de son pistolet sur sa poitrine.)

KALB.

Un instant donc!... quelle fureur!... Au secours! au secours!

FERDINAND.

Te tairas-tu, misérable?

KALB.

Au contraire... (criant plus fort.) Au secours! au secours!

(On entend le monde accourir.)

FERDINAND, le repoussant.

Va, tu ne méritais pas de mourir de ma main!

SCÈNE IX.

LES MÊMES, LE PRÉSIDENT, WURM, DOMESTIQUES.

LE PRÉSIDENT.

Que se passe-t-il donc?

WURM, à la porte de la chambre où est Louise.

Pourquoi ces cris?

KALB.

Eh! parbleu, c'est votre enragé de neveu qui veut absolument que nous mourions de compagnie.

LE PRÉSIDENT.

Quoi! Ferdinand! ici, sous mes yeux, vous vous livrez à de tels excès?

FERDINAND.

Eh! comment aurais-je été le maître de mes transports à la vue du misérable qui a détruit mes plus chères espérances!

KALB.

Mais, mon cher, je n'ai rien détruit du tout. et si vous aviez voulu m'entendre...

LE PRÉSIDENT, bas à Kalb.

Silence donc!

KALB.

Écoutez donc, mon cher président, les clefs de chambellan sont fort belles assurément, mais comme on n'est pas chambellan dans l'autre monde...

LE PRÉSIDENT, bas à Kalb.

Un mot de plus, et je vous fais exiler.

KALB, à part et tremblant.

Exiler!

(Il recule effrayé, et s'éloigne un instant après, sans qu'on fasse attention à lui.)

FERDINAND, qui a tout remarqué.

Que signifie ce langage?... Pourquoi tout ce

mystère... Aurais-je été la dupe d'une intrigue infernale ?

LE PRÉSIDENT.

Quoi! Ferdinand! vous croiriez...

FERDINAND.

Tout ce que je vois, la préférence de Louise pour un pareil homme, ces demi-mots, ces hésitations... O mon Dieu! s'il était vrai!

LE PRÉSIDENT.

Comment! vous doutez encore quand cette lettre...

FERDINAND.

Cette lettre! elle est fausse peut-être... Oui, il est possible... Ah! je cours m'en assurer, je vole auprès de Louise; mais malheur à vous, monsieur, si vous m'avez trompé!

(Il se précipite vers la porte, le président l'arrête.)

LE PRÉSIDENT.

Demeurez, Ferdinand, vous allez être convaincu de la vérité. Je le vois, il vous faut encore le témoignage de Louise, eh bien! vous allez l'interroger vous-même. Wurm, faites entrer mademoiselle Miller.

(Wurm rentre un instant dans l'appartement d'où il était sorti.)

FERDINAND.

Comment! Louise! elle est ici? Ah! je cours...

LE PRÉSIDENT, le retenant.

Ferdinand, si elle convient elle-même de sa faute, me promettez-vous de ne jamais la revoir?

FERDINAND.

Au nom du ciel, monsieur, laissez-moi espérer... La voici... je vais donc savoir s'il faut vivre ou mourir!

SCÈNE X.

LES MÊMES, LOUISE, WURM.

WURM, bas à Louise, en entrant.

Songez à votre père et à vos serments.

LOUISE.

Ferdinand!... O mon Dieu! soutiens mon courage!

FERDINAND, qui s'est approché vivement de Louise qu'il prend par la main.

Louise! ma bien-aimée, rassure-moi; on ose t'accuser d'avoir oublié la vertu; pour te justifier il ne faut qu'un mot, un seul mot; dis-moi, as-tu écrit cette lettre?

(Il la lui présente.)

LOUISE.

Oh! mon Dieu! (Elle jette les yeux sur le président, qui fait le geste de déchirer l'ordre de liberté de Miller, et elle s'empresse de répondre.) Oui, oui, monsieur le major.

FERDINAND.

Est-il possible? Ah! la mort est moins affreuse que ton épouvantable aveu... Mais ne crois pas que ma douleur ajoute à ton triomphe... Non, désormais pour toi pas une seule pensée, vers toi pas un seul regret.

LOUISE, à part.

Et je suis condamnée à cet affreux silence!

FERDINAND.

Maintenant, monsieur le président, vous pouvez disposer de moi, je suis prêt à vous obéir... Ordonnez tout pour les apprêts de mon hymen, faites surtout qu'il puisse se conclure promptement, et si cela se peut aujourd'hui, aujourd'hui même, ce soir à minuit, c'est l'heure la plus rapprochée.

LE PRÉSIDENT.

Eh bien! viens toi-même exprimer ce désir à ta future épouse; nous trouverons un prétexte pour motiver cette prompte résolution.

FERDINAND.

Oui, je cours me jeter aux pieds de mademoiselle d'Ostheim, et lui faire le serment d'un amour éternel.

LOUISE, à laquelle Wurm a remis l'ordre que le président lui a donné.

Et moi, je vole à la prison de mon malheureux père.

(Ferdinand s'éloigne par le fond avec le président; Louise sort par la droite, Wurm la suit.)

ACTE TROISIÈME.

Le théâtre représente la chambre d'entrée du logement de Miller; au fond, une petite porte et une fenêtre ouvrant sur la rue; à gauche, une porte communiquant dans l'intérieur; çà et là quelques meubles, des chaises, un poêle au milieu de la chambre. La scène est le plus resserrée possible.

SCÈNE I.

LOUISE, seule.

Là, tout est prêt... et cette nuit... quand personne ne pourra plus venir m'interrompre... quand mon père sera livré au sommeil... seule je veillerai... pour la dernière fois! Pour la dernière fois!... Malheureuse, à quoi osé-je me résoudre?.... Ce pauvre père, je lui rends la liberté, et je voudrais le priver à jamais de sa fille!.. Non, non, je n'aurai pas cet excès de cruauté... je sens que la nature, que le ciel me défendent cet affreux sacrifice. Pourtant je suis bien malheureuse. Ferdinand me méprise maintenant! il me hait, il est perdu pour moi, et telle est l'horreur de mon sort que, liée par un serment, par des menaces plus terribles encore, je ne puis dire à personne : Je suis innocente; à personne, pas même à mon père! S'il pénétrait mon funeste secret, son amour pour moi l'entraînerait à me justifier, et il périrait victime de la vengeance du président. Ah! qu'il ignore toujours ce que j'ai fait pour lui! ne songeons qu'au bonheur de le revoir; bientôt ses fers seront brisés, bientôt je recevrai les expressions de sa tendresse... Mais il ne revient pas; monsieur Wurm s'était chargé d'abréger les formalités... Malgré l'ordre du président, je n'ai pu parvenir jusqu'à sa prison... Que de temps il faut pour quitter ce séjour d'horreur! Hélas! on est si prompt à y faire entrer les malheureux, on est si lent à les en faire sortir!...

SCÈNE II.

WURM, MILLER, LOUISE.

MILLER, à Louise, qui court se jeter dans ses bras.

Chère enfant, je te revois enfin!

LOUISE.

Mon père, mon bon père!

MILLER.

O ma Louise! il me semblait que nous étions séparés pour toujours! Combien je suis heureux de pouvoir te presser sur mon cœur!

LOUISE.

J'ai bien souffert aussi, mais cet instant de bonheur me fait tout oublier.

MILLER.

C'est que je courais un grand danger; ma conduite envers le président pouvait avoir des suites terribles : libre, je n'y songeais pas; mais une fois arrêté, j'y ai pensé sérieusement : il n'y a rien comme la prison pour vous faire réfléchir.

LOUISE.

Maintenant, mon père, vous n'avez plus aucun danger à redouter.

MILLER.

Ma liberté en est une preuve, et c'est à toi que je la dois, ma Louise! monsieur Wurm m'a tout appris.

LOUISE.

Tout! Quoi, monsieur, vous...

WURM.

Je n'ai pas dû cacher à monsieur Miller ce que vous avez fait pour lui, mademoiselle; je lui ai dit que votre douleur, vos larmes, vos instantes prières ont seules désarmé la colère de monsieur le président.

LOUISE, à part.

Seules! Dieu sait au prix de quel sacrifice!

MILLER.

Qu'il a dû t'en coûter? Tu as été forcée de supplier un homme que tu dois haïr... C'est pour moi que tu as bravé cette humiliation; et, si cela se pouvait, je t'en aimerais davantage... Je vous dois aussi des remercîments, monsieur Wurm.

LOUISE, à part, étonnée.

Des remercîments! à lui!

WURM.

Je n'ai fait que faciliter à mademoiselle l'accès auprès du président; il est vrai que mes vives sollicitations ont accompagné et prévenu les siennes; mais n'avais-je pas des torts à réparer envers vous, monsieur Miller? Il me tardait de détruire dans votre esprit des doutes que ma conduite de ce matin avait pu vous inspirer.

MILLER.

Ne parlons plus du passé... Un service qu'on me rend efface tout le mal qu'on a voulu me faire. Oublions tout, et soyons amis, monsieur Wurm.

(Il lui tend la main.)

WURM, la serrant.

Mon cher Miller!

LOUISE, à part.

Et je ne puis le détromper!

MILLER.

Eh bien! qu'as-tu donc, ma Louise? Tu es triste, rêveuse; tu parais souffrir?...

LOUISE.

Ce n'est rien, mon père... les émotions que j'ai éprouvées aujourd'hui...

MILLER.

Je devine ta pensée, mais crois-en mon expérience : avec le temps, avec de la raison, tu banniras un souvenir trop pénible, et si ton cœur a besoin de s'épancher, n'as-tu pas ton père, ton meilleur ami, pour partager tes peines et en adoucir l'amertume?

LOUISE, avec sentiment.

Oh! oui, mon père, mon bon père, vous seul pouvez me donner la force de supporter la vie.

MILLER, vivement ému.

Allons, ma Louise, du courage.

SCÈNE III.

WURM, MILLER, PÉTERS, LOUISE.

PÉTERS.

Votre serviteur, monsieur Miller.

MILLER.

Ah! c'est toi, Péters. Que me veux-tu?

PÉTERS.

Je viens vous chercher; on vous demande sur-le-champ au presbytère.

MILLER.

Sur-le-champ! à cette heure-ci! Sais-tu quel motif?

PÉTERS.

Oh! c'est pressé; il s'agit d'un mariage.

LOUISE, à part.

D'un mariage!

PÉTERS.

La cérémonie doit avoir lieu à minuit.

LOUISE, à part.

Plus de doute!

PÉTERS.

On fait de grands préparatifs; tout le monde est sur pied, et naturellement on aura besoin de vous, monsieur Miller.

MILLER.

Oui, je conçois... Quelles sont donc les personnes qui se marient?

PÉTERS.

Ma foi! c'est encore un secret; pour moi, toujours!

LOUISE, à part.

Hélas! je ne le sais que trop!

PÉTERS.

Mais ce ne peut être que des gens riches; il n'y a que ceux-là qui choisissent la nuit pour se marier; le jour c'est trop bourgeois... Ah! ça, dépêchez-vous, monsieur Miller, on vous attend.

MILLER.

Oui, je ne puis me dispenser.. Allons, ma Louise, j'espère à mon retour te trouver plus tranquille; je reviendrai bientôt... A revoir, monsieur Wurm, à revoir; ne vous éloignez pas, j'ai besoin de vous remercier encore.

(Il sort après avoir embrassé Louise.)

SCÈNE IV.

LOUISE, WURM.

LOUISE, à part, et se dirigeant vers la porte de côté.

Il reste ici!... Ah! plutôt que de me trouver avec lui!...

WURM.

Mademoiselle...

LOUISE, s'arrêtant.

Que me voulez-vous?

WURM.

De grâce, permettez-moi...

LOUISE.

Pas un seul mot, monsieur. Vous pouvez devant mon père m'imposer votre présence, vous pouvez abuser lâchement des motifs sacrés qui m'ordonnent de me taire; mais seule avec vous je ne m'avilirai pas jusqu'à vous écouter.

(Elle fait encore quelques pas pour s'éloigner.)

WURM.

Arrêtez, Louise, arrêtez, je vous en conjure; vos intérêts les plus chers...

LOUISE.

N'espérez plus m'abuser; je puis encore être votre victime, et non pas votre dupe; je pénètre votre pensée, je devine vos craintes. Vous tremblez que l'excès de mon malheur ne me pousse à dévoiler vos crimes, et vous vous attachez à mes pas pour mieux surveiller mes actions. J'ai juré devant Dieu de garder le silence, je me souviendrai de mon serment; si je pouvais l'oublier, vos horribles menaces me donneraient de la mémoire... Contentez-vous donc de m'avoir offerte en sacrifice à l'ambition, et si toute pitié n'est pas éteinte dans votre cœur, épargnez-moi désormais le supplice de vous voir et de vous entendre.

(Elle sort sans attendre la réponse de Wurm, qui ne cherche plus à la retenir.)

SCÈNE V.

WURM, seul.

Quel insultant mépris!... mais il faudra bien qu'elle fléchisse... Soit amour, soit vengeance peut-être, je veux que l'hymen l'enchaîne à ma destinée... D'ailleurs, tôt ou tard elle pourrait parler, et la sécurité de mon avenir exige qu'elle soit en mon pouvoir... Quelqu'un!... Eh! Dieu me pardonne, c'est le chambellan... Parbleu! sa présence peut servir mes projets.

SCÈNE VI.

WURM, KALB.

KALB. Il entre avec précaution, regarde dans la chambre; il n'aperçoit pas Wurm placé à une des extrémités.

Personne, je crois...

WURM.

Entrez, entrez, monsieur le baron.

KALB, effrayé.

O mon Dieu!... ah!... ah! c'est toi, Wurm. Parbleu! tu m'as fait une fière peur.

WURM, souriant.

Rassurez-vous, monsieur le baron; je suis seul.

KALB.

Ah! tant mieux; car pour tout au monde je ne voudrais être vu ici de personne.

WURM.

Surtout de monsieur le major, n'est-ce pas?

KALB.

Oh! certainement... après la scène qu'il m'a faite... Aussi depuis ce moment-là je ne vis plus, mon cher Wurm; je crois toujours l'avoir sur les talons, et tu conçois que s'il me rencontrait ici...

WURM.

Vous pouvez être tranquille; maintenant il n'y viendra pas.

KALB.

Eh! mon Dieu! on n'en sait rien... S'il allait lui reprendre un beau mouvement de tendresse! Qui est-ce qui peut compter sur une tête comme celle-là?

WURM.

Il est maintenant plus calme; il paraît résigné. et vous n'avez plus rien à craindre.

KALB.

N'importe, je vais me dépêcher de parler à cette demoiselle Louise, dont l'amour impromptu me cause tant d'embarras... Mais je ne la vois pas; serait-elle sortie par hasard?

WURM.

Quelle demande! Pourquoi feindre, monsieur le baron? Vous êtes bien sûr qu'on vous attend.

KALB.

Allons, te voilà comme les autres, toi; tu vas croire...

WURM.

Oui, oui, je crois que vous êtes le mortel le plus heureux... mais il faut être discret; je ne veux pas troubler un si joli rendez-vous... Monsieur le baron, j'ai bien l'honneur...

(Il sort précipitamment, après avoir salué Kalb.)

KALB.

Mais, écoute donc, Wurm, écoute donc!

SCÈNE VII.

KALB, seul.

Allons, le voilà parti; il n'y a pas moyen de le dissuader... Ils sont tous comme cela; ils veulent à toute force que je sois amoureux : ils n'en démordront pas... Mais hâtons-nous de parler à Louise et de nous en aller. Sans doute, elle est dans sa chambre... (Il fait d'abord quelques pas et s'arrête.) Un instant donc; assurons-nous d'abord si personne ne peut nous écouter.

(Il va voir au fond.)

SCÈNE VIII.

LOUISE, KALB.

LOUISE, entrant sans voir Kalb.

Je viens d'apercevoir par la fenêtre Wurm qui s'éloignait; je puis maintenant... (Elle aperçoit Kalb, et recule étonnée.) Que vois-je? le baron!

KALB.

Ah! vous voilà, ma belle demoiselle... Enchanté de vous voir! c'est pour vous que je venais...

LOUISE.

Monsieur, puis-je savoir quel motif vous amène?

KALB.

Quel motif!... il me semble que la question... Ne m'avez-vous pas écrit, mademoiselle?

LOUISE.

Moi!... (à part.) O mon Dieu!

KALB.

Veuillez me répondre.

LOUISE.

Il est vrai, monsieur.

KALB.

Eh bien! alors, ma présence ne doit pas vous surprendre. Je viens au rendez-vous que vous m'avez donné...

LOUISE, avec effroi.

Au rendez-vous!

KALB.

Oh! rassurez-vous, mademoiselle; si j'ai eu le bonheur de vous plaire, je sais trop bien ce que l'on doit aux dames; je ne suis pas homme à abuser de votre confiance, et des sentiments que j'ai pu vous inspirer.

LOUISE.

Eh bien! que voulez-vous, monsieur?

KALB.

Je veux m'expliquer franchement avec vous. Ecoutez-moi, et surtout promettez-moi bien de ne pas vous fâcher de ce que je vais vous dire.

LOUISE.

Je vous écoute, monsieur.

KALB.

Assurément je devrais m'estimer trop heureux d'avoir pu fixer votre choix, mais malheureusement votre lettre, je ne sais comment, est tombée entre les mains de Ferdinand; il vous aime, et il m'a fait ce matin une querelle épouvantable; si je le rencontrais, il arriverait un accident, et le bonheur de vous plaire est bien grand sans doute... je l'apprécie beaucoup... mais... (à part.) il vaut encore mieux vivre sans ce bonheur-là que de ne pas vivre du tout.

LOUISE.

Oui, oui, monsieur, vous ferez très bien de ne pas songer à moi; mais, je vous en prie, terminez cet entretien; je tremble que quelqu'un ne vienne ; si l'on vous voyait ici, à cette heure, on pourrait croire...

KALB.

Oui, et moi-même je crains aussi... Eh bien! vous concevez que, tant que Ferdinand me croira son rival, il ne me laissera pas un instant de repos; je voudrais donc vous prier de dire hautement que vous ne m'aimez pas, et surtout de démentir cette maudite lettre...

LOUISE.

La démentir ! Hélas ! je voudrais qu'il fût en mon pouvoir de le faire, je n'hésiterais pas, je vous le jure ; mais tant de bonheur ne m'est pas permis.

KALB.

Cependant, si vous le vouliez bien... Mais j'entends quelqu'un... si c'était le major !...

LOUISE, allant à la porte.

O ciel!... c'est lui !

KALB, tout tremblant.

Le major ! j'en étais sûr... S'il me voit, c'est fait de moi... Où me cacher ? ah ! dans cette chambre. (À Louise.) Gardez-vous bien surtout de lui dire que je suis là !

(Il entre précipitamment dans la chambre dont il referme la porte.)

SCÈNE IX.

LOUISE, FERDINAND.

(Louise éperdue, tremblante, s'appuie sur une chaise. Ferdinand paraît; il est calme et son sang froid contraste avec l'agitation de Louise; il s'arrête un moment dans le fond, regarde Louise et s'approche d'elle.)

LOUISE, à part.

Que vient-il faire? et que va-t-il me dire?

FERDINAND, avec le calme de la résignation.

Que ma vue ne vous cause aucune alarme, Louise; ne voyez plus en moi l'amant trahi qu'aveugle le désespoir, mais un infortuné qui vient implorer de vous le seul bonheur qu'il puisse attendre sur la terre.

LOUISE, étonnée.

Quel langage! Quoi! monsieur le major..

FERDINAND.

Au moment de m'enchaîner pour toujours, au moment de placer entre nous une barrière éternelle, je n'ai pu résister au désir de vous voir et de vous parler encore. Je devrais fuir votre présence; mais en vain tout se réunit pour vous accuser, en vain votre aveu même ne me laisse aucun prétexte pour douter; ingénieux à me tromper moi-même, recherchant avec avidité la plus légère apparence en votre faveur, je repousse la vérité qui m'accable, je caresse les chimères qui me flattent, et j'ose espérer encore que vous êtes digne de mon amour.

LOUISE, avec entraînement.

Est-il possible! vous hésitez à me croire coupable! ah! monsieur le major, cette preuve d'estime... (avec douleur.) Mais vous devez éternellement me mépriser, me haïr; il le faut, et je me soumets à mon sort.

FERDINAND.

Que dites-vous, Louise? Ah! je vous en conjure, gardez-vous de détruire mes dernières illusions. Chez le président, l'agitation, le trouble, la crainte même, ont pu influencer vos funestes aveux; mais ici vous n'avez rien à redouter; nous sommes seuls, nous n'avons que Dieu pour témoin... Louise, c'est devant lui, c'est en son nom que je vous adjure de me dire la vérité.

LOUISE.

La vérité! Hélas! pourquoi prolonger mon supplice? pourquoi cette nouvelle épreuve? Que pouvez-vous en attendre, sinon plus d'humiliation et de douleur pour moi? Ne suis-je donc pas déjà assez malheureuse, assez avilie, et faut-il vous répéter?...

FERDINAND.

Ah! ne précipite pas ta réponse... Songes-y bien, Louise, ce moment est solennel; nous allons être unis pour toujours ou séparés pour jamais... Il s'agit ici de la vie ou de la mort; c'est le ciel ou l'enfer qui va s'ouvrir pour nous... Tout est disposé pour un funeste hymen; l'heure fatale approche, et l'on n'attend plus que moi pour marcher à l'autel. Trahi dans mon amour, je n'écoute plus que ma haine et mon indignation; je brise tous les liens qui m'attachaient à toi, je cours former d'autres nœuds, et je t'abandonne à tes remords, au mépris public et aux vengeances que le ciel réserve aux parjures.

LOUISE, à part.

Où pourrai-je cacher ma honte et ma douleur!

FERDINAND.

Mais qu'un mot, un seul mot te justifie, et tout mon être, toute ma vie sont à toi; considérations, richesses, dignités, je foule tout à mes pieds pour te consacrer mon existence. Heureux époux de Louise, je ne vivrai, je ne respirerai que pour elle. Si le monde nous repousse, nous fuirons avec ton père cette ville, ce pays, où l'on nous fait un crime de notre amour; nous irons sur une terre étrangère chercher une autre patrie; nous la trouverons partout où nous serons ensemble. Là, à l'abri des persécutions, libres de nous aimer, nous ne recevrons de lois que de nos cœurs, et nos jours, embellis par les plus doux sentiments, ne seront plus qu'une longue chaîne de bonheur et d'amour.

LOUISE, vivement émue.

Ah! par pitié, cessez de m'offrir ces séduisantes images; c'est bien assez de ce que je souffre; pourquoi me rappeler tout ce que je perds?

FERDINAND.

Eh bien! rassure donc ma tendresse alarmée.. N'est-ce pas, Louise, j'ai raison de le croire, tu ne me trompais pas quand tu me disais que tu m'aimais? Tu n'as pas trahi tes serments: tu n'es pas coupable de l'odieuse perfidie dont toi-même n'as pas craint de t'accuser?

LOUISE.

Hélas! Ferdinand! que me demandez-vous? Tout ce qu'il m'est permis de vous dire, et en ce moment je ne dois pas craindre de vous l'avouer, c'est que jamais je n'ai cessé de vous chérir; c'est que mon cœur se brise à l'idée d'une séparation éternelle; et pourtant elle est forcée, elle est indispensable, et nous nous voyons aujourd'hui pour la dernière fois...

FERDINAND.

Quel langage! Tu m'aimes, dis-tu? tu ne m'as donc pas trompé?... et alors tu peux te justifier. Ah! s'il est en ton pouvoir de détruire cette preuve qui te condamne, cette preuve qui à ta voix n'est déjà plus qu'un doute, je t'en conjure, n'hésite plus, je ne demande qu'à te croire innocente; ta parole, un mot, me suffiront. Parle, et cette nuit même, à l'autel qui s'apprête pour une autre, c'est toi que je vais conduire, c'est toi que je vais nommer mon épouse.

LOUISE.

Au nom du ciel! si vous m'aimez, Ferdinand, cher Ferdinand, laissez-moi, je vous en supplie; n'affaiblissez pas mon courage. Si vous saviez combien il m'en faut en ce moment!

FERDINAND.

Qu'entends-je? et quel espoir tes paroles font-elles luire à mes yeux!... Craindrais-tu de te laisser attendrir? craindrais-tu de laisser échapper un aveu qui me comblerait de bonheur et de joie?

LOUISE.

Non, non, ne croyez pas...

FERDINAND.

Je n'en crois que mon cœur!... Il me dit que tu n'es pas coupable. Impossible que tu aimes un homme comme ce Kalb.

LOUISE.

Quoi! vous pourriez penser...

FERDINAND.

Tu n'aurais pas tracé volontairement cet acte de ton opprobre et de mon désespoir. Louise, je t'en conjure, dis-moi la vérité! Vois ma douleur; prends pitié de mon tourment ou je vais expirer à tes pieds.

(Il se jette à ses pieds.)

LOUISE.

Que faites-vous, Ferdinand?

FERDINAND.

Je ne quitte pas tes genoux que tu ne m'aies dit: « Je suis digne de vous! » Tu es émue, tremblante, tu cèdes à mes prières!... O ma bien-aimée! ne tarde plus; reprends tous tes droits à mon estime, à mon amour. Un mot, un seul mot qui te justifie, et je suis à toi, Louise, à toi pour la vie.

SCÈNE X.

MILLER, LOUISE, FERDINAND.

(Ferdinand est aux pieds de Louise, lorsque Miller paraît à la porte du fond.)

MILLER, à Ferdinand.

Vous aux genoux de ma fille! vous encore chez moi!... Dans quel moment osez-vous y reparaître! Sortez, monsieur, sortez à l'instant.

FERDINAND.

Quelle fureur vous égare, Miller! Vous ne savez pas...

MILLER.

Je sais qu'une autre va devenir votre épouse; votre présence ici est un outrage à la vertu de Louise.

FERDINAND.

Laissez-moi vous expliquer..

MILLER.

Rien; je ne veux rien entendre. Encore une fois, sortez, monsieur, sortez; ne me forcez pas...

FERDINAND.

Quand il s'agirait pour moi de la vie, je ne quitterai pas ces lieux que vous ne m'ayez entendu.

MILLER, avec menace.

Cette résistance!...

LOUISE.

Mon père!

MILLER.

Oui, tu as raison. (à Ferdinand.) Eh bien! je vous écouterai puisque vous m'y forcez; mais toi, ma fille, tu ne peux demeurer plus longtemps dans le même lieu que monsieur; éloigne-toi, mon enfant.

FERDINAND.

Quoi! vous voulez...

MILLER.

Va, ma Louise, retire-toi dans ta chambre et n'en sors pas sans mon ordre.

LOUISE, jetant un regard d'effroi vers la chambre.

Dans cette chambre! (à part.) Grand Dieu! monsieur de Kalb!

FERDINAND, à Miller.

Au nom du ciel! permettez...

MILLER, à Louise.

Eh bien! qui t'arrête?

LOUISE, à part.

Que faire! Je ne puis me résoudre!...

MILLER.

Quoi! tu hésites! Songes-tu que c'est avouer une indigne faiblesse? Obéis! obéis, te dis-je! Faut-il donc te forcer à faire ton devoir?

LOUISE.

Mon père! mon père!

MILLER, qui la prend par la main et l'entraîne, ouvre la porte pour faire entrer Louise dans la chambre et aperçoit le chambellan.

Que vois-je! le chambellan!

SCÈNE XI.

KALB, LOUISE, MILLER, FERDINAND.

FERDINAND.

Le chambellan! Il n'est donc plus de doute! Quelle affreuse certitude suis-je venu chercher!

LOUISE, égarée.

Tout se réunit pour m'accabler!

MILLER.

Eh bien! monsieur de Kalb, nous expliquerez-vous?...

KALB, tout tremblant.

Oui, oui, Miller, tout à l'heure vous saurez... mais vous, mon cher major, j'espère que malgré les apparences vous n'allez pas croire...

FERDINAND, froidement.

Épargnez-vous, monsieur, des discours inutiles, et ne craignez plus rien de moi. (*à Miller.*) Malheureux père! gardez-vous de m'accuser! J'aurais voulu vous laisser votre erreur; mais vous ne pouvez plus maintenant ignorer la vérité: lisez. (*Il lui remet la lettre.*)

MILLER.

Que je lise!.. Que signifie?...

FERDINAND, à Louise.

Pour toi qui n'as pas craint d'abuser de ma crédulité, de porter le désespoir dans mon cœur, puisses-tu recueillir les dignes fruits de ta perfidie; puissent l'abandon et l'ignominie t'environner et s'attacher à tes pas! Je te voue aux remords, au mépris, à l'opprobre, et, désormais affranchi d'une indigne faiblesse, je cours effacer par les plus nobles nœuds la honte de t'avoir aimée.

(*Il sort.*)

SCÈNE XII.

KALB, MILLER, LOUISE.

MILLER, qui a lu la lettre avec le plus grand trouble.

Quelle horreur! et que viens-je de lire! Malheureuse! il est donc vrai! (*au chambellan.*) Mais toi, misérable, toi qui as perdu ma fille, qui l'as déshonorée, n'espère pas échapper à ma juste vengeance!

(*Il se jette sur une épée.*)

KALB.

Allons! voilà l'autre à présent...

LOUISE.

Qu'allez-vous faire!

KALB.

Grand Dieu! une épée... Je ne l'échapperai pas aujourd'hui!

(*Miller s'avance furieux vers Kalb. Wurm entre vivement et se place entre les deux.*)

SCÈNE XIII.

KALB, WURM, MILLER, LOUISE.

WURM.

Que vois-je! Miller, pourquoi cette fureur?

MILLER.

Jamais il n'en fut de plus légitime; il s'agit de l'honneur: il faut que je me venge.

KALB.

Il le ferait comme il le dit. Retenez-le bien, mon cher Wurm, retenez-le bien!

WURM, à Miller.

Non, je ne le souffrirai pas... Miller, la colère vous aveugle; revenez à vous. C'est à votre honneur que j'en appelle. Vous êtes seul armé, et s'il vous faut une vengeance, vous ne voudrez pas l'obtenir par un crime.

MILLER.

Par un crime! Ah! je ne sais à quelle extrémité pourrait m'entraîner mon désespoir! Si vous voulez me sauver de moi-même, que ce misérable s'éloigne! qu'il fuie! Tant qu'il sera là je ne répondrais pas de mes transports.

KALB.

Partir! oh! je ne demande pas mieux, assurément! (*à Wurm en s'en allant.*) Merci, mon cher Wurm, grand merci; vous m'avez rendu le plus grand service!...

WURM, le poussant vers la porte.

C'est bien, c'est bien, monsieur le baron, allez.

SCÈNE XIV.

WURM, MILLER, LOUISE.

MILLER, à part.

Ah! pourquoi ne suis-je pas mort avant de pénétrer cet horrible mystère?

LOUISE, regardant son père.

Pauvre père! que sa douleur me fait de mal!

WURM, à part.

Tout a servi mes projets; un peu d'audace maintenant, et j'arrive à mon but.

MILLER, à Louise.

Vous êtes encore ici! ôtez-vous de mes yeux. Votre présence, qui naguère encore me causait tant de joie, est à présent un supplice pour moi.

LOUISE.

O mon père, mon père!

MILLER.

Je ne suis plus que votre juge. Le déshonneur brise les liens de la nature; vous n'êtes plus rien pour moi. Demain je pars, je vous emmène, je cours vous renfermer dans un asile qui me répondra de votre avenir, et nous ne nous reverrons jamais.

WURM, s'approchant.

Eh quoi! Miller, tant de rigueur? Que vous ayez cédé à un premier mouvement, je le conçois; mais plus calme, pouvez-vous penser que mademoiselle ait en effet méconnu ses devoirs?

MILLER.

Ah! je voudrais en vain repousser l'évidence; je suis réduit à rougir de ma fille!

WURM.

Songez-y bien, Miller, souvent les apparences sont trompeuses. Qui vous dit que ces preuves, qui vous semblent si fortes, ne soient l'effet d'une circonstance étrangère à la volonté de Louise?

MILLER.

Je donnerais ma vie pour qu'elle fût innocente!

WURM.

Eh bien! avant de la repousser, de l'abandonner à jamais, ne devez-vous pas chercher à vous convaincre de la vérité? Je puis vous aider à la découvrir.

MILLER.

Quoi! je pourrais y parvenir?

WURM.

Mademoiselle peut elle-même vous prouver qu'elle n'a aucun reproche à se faire.

MILLER.

Elle! comment?

WURM.

En donnant aujourd'hui sa main à un homme digne d'elle et de vous.

LOUISE, à part.

Grand Dieu! je devine...

WURM.

Si cet homme, par sa position dans le monde, jouit de quelque considération, son suffrage suffira pour imposer silence à la calomnie, pour rendre respectable celle qu'il nommera son épouse; mais il est encore pour vous une conviction plus forte, et c'est dans la conduite de votre fille que vous la trouverez. Coupable, elle ne consentira pas à tromper celui dont elle deviendra l'épouse; innocente, au contraire, elle ne saurait hésiter. Enfin, le parti qu'elle prendra deviendra sa justification ou l'aveu de sa faute.

MILLER.

Mais quel est l'homme d'honneur qui pourrait croire à l'innocence de Louise? Qui oserait maintenant lui donner son nom?

WURM.

Moi, monsieur Miller.

MILLER.

Vous?

LOUISE, à part.

Juste ciel!

WURM.

Je m'estimerais trop heureux...

MILLER.

Quoi! vous voudriez encore...

WURM.

Je suis prêt à donner à mademoiselle cette preuve d'estime et de confiance. Il ne dépend plus que d'elle...

LOUISE, à part.

Oh! jamais! jamais!

MILLER.

Tu l'entends, Louise! cette offre inespérée peut sauver ton honneur et le mien. Mais toi seule peux répondre; c'est à ta conscience que j'en appelle. Cet instant va décider de ton sort. Prononce: dis-moi si je dois te repousser à jamais ou te nommer encore ma fille.

LOUISE, à part.

Être repoussée par mon père, ou devenir l'épouse de Wurm!

MILLER.

Eh bien! tu ne réponds pas? Ah! je ne le vois que trop, il faut que je meure, que je meure déshonoré! Fuis, fuis, malheureuse! emporte avec toi ma haine et ma malédiction!

LOUISE.

Votre malédiction! Ah! grâce! grâce! mon père, ne me maudissez pas! Au nom du ciel! révoquez cet arrêt terrible! Pour m'y soustraire il n'est pas de sacrifice que je ne sois prête à accomplir! C'en est fait! ma résolution est prise. Vous voulez que j'épouse... monsieur. Eh bien! si à ce prix vous pouvez encore une fois me presser dans vos bras, ordonnez, je cède, je consens à tout!

MILLER.

Serait-il possible? Tu prendras sans rougir cet engagement sacré?

LOUISE, avec exaltation.

Oui! oui! j'en atteste le Dieu qui lit au fond de mon cœur. Mon père, disposez de ma main, disposez de ma vie; mais bénissez votre enfant!

MILLER, l'embrassant.

O ma Louise! dès ce moment tu retrouves le cœur et l'amour de ton père!

WURM.

Eh bien! monsieur Miller, ne tardons pas un instant à faire éclater l'innocence de mademoiselle; jamais occasion plus favorable ne saurait se présenter: une foule immense se réunit pour assister à la cérémonie qui s'apprête... que l'hymen de monsieur le major ne fasse que précéder celui de votre fille; qu'en présence du président, de tout le monde, Louise se présente à l'autel pour me nommer son époux; dès lors s'éteindront tous les doutes injurieux; votre honneur et le sien n'auront plus rien à redouter.

MILLER.

Mais cette nuit même... Louise consentira-t-elle?...

LOUISE.

Oui, oui, mon père... cette nuit, nous aurons recouvré tous deux l'honneur et le repos.

WURM.

Venez, venez, mon ami; avant une heure tout peut être disposé.

MILLER.

Je vous suis... (à Louise, à demi-voix.) Allons, ma Louise, un peu de courage... Je sais ce qu'il doit t'en coûter, mais du moins nous n'aurons point à rougir. Adieu, adieu, ma fille.

LOUISE, à part.

Adieu! Quel mot affreux!... Ah! si je ne dois plus le revoir!... (haut, courant vers son père qui est près de sortir.) Mon père, embrassez encore une fois votre enfant.

MILLER.

Oh! de tout mon cœur!

(Miller embrasse Louise qui s'est précipitée dans ses bras, et sort avec Wurm.)

SCÈNE XV.

LOUISE, seule.

(Elle ferme la porte d'entrée, descend la scène, s'arrête, et après un silence, elle dit:)

Moi l'épouse de Wurm! du misérable auteur de tous mes maux!... Hélas! il ne suffisait donc pas que je me fusse dévouée à la honte, que mon père lui-même m'accusât, quand c'est pour lui que je me sacrifie; il fallait encore que je fusse condamnée à ce nouveau supplice... Non, non, c'est est fait... il est un terme dans les infortunes humaines, où le malheureux n'a plus d'asile que dans le sein de la divinité... Ici-bas mon sort est accompli, là-haut sans doute j'en trouverai un meilleur... (A ce moment on aperçoit une grande clarté à une fenêtre.) Quel bruit se fait entendre! quelle clarté soudaine?... (Elle regarde par la fenêtre.) Ce cortége!... Grand Dieu! c'est Ferdinand... Ferdinand qui marche à l'autel... Destin inexorable! m'as-tu donc condamnée à être le témoin du triomphe d'une autre! (Elle cache sa figure dans ses mains, puis tout à coup elle s'écrie:) Mais, oui, oui... pour mourir il faut du courage, cette vue m'en donnera. (Elle entr'ouvre doucement la fenêtre et se place dans l'embrasure.) Que de monde! quelle foule brillante! Et moi je suis seule, abandonnée, chargée d'opprobre, et dans mon malheur pas un ami, pas une seule voix consolatrice qui puisse me dire: Courage... Le voilà! c'est lui! c'est bien lui!... Et cette jeune fille... c'est elle qu'il va nommer son épouse... Il la regarde!... il lui parle!... Ah! qu'elle doit être heureuse!... Mais il s'éloigne, il disparaît!... Adieu, adieu, Ferdinand, je ne te verrai plus. (Elle ferme la fenêtre et revient en délire sur le devant du théâtre.) Ah! maintenant plus que jamais, je le sens, la tombe est mon seul refuge!... Et j'hésiterais?... non, non, plus de retard. (Elle met du charbon dans le poêle. On entend une musique lointaine.) Quels sons éloignés parviennent à mon oreille? c'est la cérémonie nuptiale qui commence... Eh bien! oui, chacun son destin: là l'hymen, ici la mort... Mais à mon heure suprême, je puis enfin me justifier... Ferdinand, tu connaîtras le cœur de ta Louise, tu la plaindras, tu donneras quelques larmes à son sort, et cette pensée jette un charme consolateur sur cet instant terrible... Au moment du départ on aime à laisser des regrets... Mais hâtons-nous... je sens déjà ma tête s'appesantir... écrivons... (Faible, pâle, elle est tombée près d'une chaise, et à genoux elle écrit.) « Cher Ferdinand, tu me crois coupable, et je meurs innocente... ton oncle et Wurm m'ont forcée à tracer un écrit odieux, mon père était sacrifié, j'ai dû me taire; si près que je suis de la mort, on ne ment pas. » (La musique cesse de se faire entendre.) O ciel! les sons ne me parviennent plus! tout serait-il fini!... mon père va revenir, mais je le sens, je ne serai plus; mes yeux se ferment, mes forces m'abandonnent... O mon Dieu! quelques lignes encore: « Adieu, Ferdinand... console mon pauvre père... je vivais... pour t'aimer... tu formes d'autres nœuds... et je meurs. »

(Elle tombe à demi renversée sur la chaise; on entend Miller frapper à la porte et appeler: Louise! Louise! ma fille!)

FIN DE LA FILLE DU MUSICIEN.

IMPRIMERIE DE E. DUVERGER, RUE DE VERNEUIL, N° 4.

www.ingramcontent.com/pod-product-compliance
Ingram Content Group UK Ltd.
Pitfield, Milton Keynes, MK11 3LW, UK
UKHW032026260826
14628UKWH00006B/2759

9 782019 693114